何以为父

影响彼此一生的父子关系

My Father Before Me

How Fathers and Sons Influence Each Other
Throughout Their Lives

[美] 迈克尔·J. 戴蒙德（Michael J. Diamond）著

孙平 译

机械工业出版社
CHINA MACHINE PRESS

图书在版编目（CIP）数据

何以为父：影响彼此一生的父子关系 /（美）迈克尔·J. 戴蒙德（Michael J. Diamond）著；孙平译 . —北京：机械工业出版社，2023.7（2024.6 重印）

书名原文：My Father Before Me: How Fathers and Sons Influence Each Other Throughout Their Lives

ISBN 978-7-111-73577-9

Ⅰ.①何…　Ⅱ.①迈…②孙…　Ⅲ.①男性－家庭教育　Ⅳ.① G78

中国国家版本馆 CIP 数据核字（2023）第 154364 号

机械工业出版社（北京市百万庄大街 22 号　邮政编码 100037）
策划编辑：胡晓阳　　　　　　　责任编辑：胡晓阳　彭　箫
责任校对：王荣庆　张　薇　　　责任印制：刘　媛
涿州市京南印刷厂印刷
2024 年 6 月第 1 版第 12 次印刷
170mm×230mm · 13.25 印张 · 1 插页 · 178 千字
标准书号：ISBN 978-7-111-73577-9
定价：69.00 元

电话服务　　　　　　　　　　网络服务
客服电话：010-88361066　机 工 官 网：www.cmpbook.com
　　　　　010-88379833　机 工 官 博：weibo.com/cmp1952
　　　　　010-68326294　金 书 网：www.golden-book.com
封底无防伪标均为盗版　　　机工教育服务网：www.cmpedu.com

献给我珍爱的家庭成员：我的妻子琳达（Linda），以及我的孩子马娅（Maya）和亚历克斯（Alex）。是你们让我的生命充满了活力。

同时，以此纪念我深爱的父母，莫·戴蒙德（Moe Diamond）和伊莱恩·戴蒙德（Elaine Diamond）。

我乐于与垂暮之年者交谈，因为他们已走过那条我们必将走的路。对我而言，我可以从他们那里看到那条路的模样，看看它是艰难的险路还是轻松的坦途。

——柏拉图《理想国》中苏格拉底之言[1]

甲骨文中的"父"字——人，是右手持棒的形状。《说文解字》解释为"父，矩也，家长率教者。从又举杖"，意思是父亲即规矩，可以手持棒子对子女实施教戒。古人造字，当真是全身心投入，用极简的笔画就呈现了父亲的主要功能，数千年之后仍令人膜拜不已。

这还只是"父"字立意的表面意思。精神分析更在乎的是潜在的内容：持棒是为"举"，表示棒子是悬空的，没有落下；如果落下，那就是"击"或者"打"了。一个"父亲"不管以什么理由打孩子，都是在以向孩子泄愤的方式掩盖自己的无能——那个棒子本来是应该落在他自己身上的。

时光流逝，文明也在长大。在这个已不是造字而是造 AI 的时代，我们知道了更多的父亲的功能，以及如何才能做一个好的父亲。在众多的标准中，以下三点值得被特别关注。

第一，好父亲能够看见并接纳自己内在未长大的小男孩，所以他不会通过巨大的外在成就来掩盖小男孩的弱小和无助。在他跟孩子在一起的时候，他不害怕孩子气的玩耍会动摇他不稳定的所谓男子汉气概。而缺席孩子成长过程的父亲就恰好相反：他们需要太多的金钱、地位和荣耀等，来弥补自己人格的发育不足。在这个意义上，孩子就是镜子，可以照见父亲人格的形状和成熟度。

第二，好父亲挣脱了"纯爷们"的咒语，这个咒语暗示了一种绝不存在的"物种"，即只有阳性特征而没有丝毫阴性特征的人类个体。很多被诅咒的男性，用酗酒、说脏话甚至斗殴的方式来呈现"理想化"的自我形象，而更加隐蔽的方式是，对自己的温情视而不见，赋予健康的爱以母性的特征而加以排斥。殊不知，真正健康而美丽的人格，一定是雌雄同体的，这个世界上最美的艺术作品，莫过于英气逼人的母亲和温情脉脉的父亲了。

第三，好父亲整合了成为自己和成为父亲的冲突。这在哲学上是合理的。以主体间哲学为基础的精神分析理论和实践证明，当一个人成为他自己的时候，就自动具有共情他人的能力，即主体性包含客体性。所以一个男人充分成为他自己的同时，也成了一个好的父亲。我们因此不会被爱撕裂，这是造物主对人类的最大恩赐，需要永远铭记和感恩。

那些"民间偏方"式的关于父亲的说法，都需要被与时俱进的洞见重新审视。例如，父爱如山。这是一个比喻。作为文学描述，用比喻无可厚非，但是，如果用于描述父亲的功能这样抽象的对象，比喻的模糊性和非完全对称性就会有大问题。父爱如山想表达的是这种爱的厚重与稳定，但也可以被意识与潜意识识别为对父子或父女双方的重负。我不知道，有多少父亲因为无法给予如山父爱而逃避，以及有多少子女同样因为如山父爱而受伤。

父爱可以是轻盈的，像漫天飞舞、香气袭人的花瓣雨，或者餐桌边一个轻描淡写却意味深长的玩笑，或者山崩地裂时真假莫"辨"的淡定从容。我这里也用了比喻，但愿两个比喻如正反物质相遇一样走向湮灭，从此为人之父不再沉重。

还有"严父慈母"的刻板说法。严肃是对内心深处的轻佻、戏谑甚至色情的掩饰。或者说，当一个人无力把控自己丰富而激越的情感时，他就会选择严肃，以不变压制万变。从关系上来说，严肃的父亲几乎肯定地在潜意识层面跟子女边界不清，严肃是他在表面上采取的消除融合焦虑的措施。如果说抑郁的母亲是"无脸"（faceless），那么严父就有一张恐怖之脸，可能变成子女一生无法驱散的噩梦。相信所有在临床一线工作的心理咨询师都会认为，这不是过于夸张的说法。

再要说到责任。当作为父亲的责任被过多强调的时候，爱就被淡化了。这是用低级的精神内容替代了更高级的。爱有无限宽广的疆域，它涵盖了责任。我们甚至可以说，爱的能力不足的时候，才用责任来补充。太多的责任感也会破坏做父亲的天然乐趣，使父亲成了一种职业或劳役。没有人愿意看到，父亲对自己好只是在尽责而已，因为责任多少有一点强迫与无奈，而爱是全然的自愿，还有着从心底里溢出的轻松与欢喜。

在好父亲的标准中，可以再加上一条，即愿意变得不一样的父亲就是好父亲，因为这表示他的人格具有极其珍贵的特征——灵活性。我会认为，读着这本书的那个你，已经开放了自己的心门，愿意让跟以前不一样的风雨吹进来，此时此地，你就是这样的好父亲了。

本书的译者孙平博士，是我认识多年的朋友。他是受到了非常好的专业训练的年轻精神分析师。我现在的生活乐趣之一，就是看孙平的微信朋友圈，绝大部分内容是他带着两个孩子有时优雅有时疯狂地玩耍，没有"举而教之"。我知道我是在鉴赏一个可以垂范的父亲，因为，套用《金刚经》的句型，他陪玩的时候不像是个好父亲，所以是个好父亲。

序写到这里，一个疑问在心中升起：一个男人是在有了孩子才成为父亲的，这就意味着父亲是孩子"制造"的，那到底谁是谁的父亲呢？

曾奇峰

2023 年 5 月 30 日于武汉东湖

译者序 My Father Before Me

于我而言，这是一本奇书。

虽然我个人本科学习翻译专业，但我其实并不喜欢做笔译。笔译的过程枯燥、漫长且不能过多自主创造，于我而言曾是一种不大不小的折磨。比起口译的那种即时性、现场感，笔译的过程多少有些孤寂。

但我依然记得六年前拿起这本书开始阅读时的那份激动和畅快。当时我的儿子刚刚降生，而我作为一个新手父亲，从里到外则充满了无所适从。毫不夸张地说，正是迈克尔的这本书，让当时的我获得了一种稳定感和一份确信。

因为全书想表达的一个中心意旨在于：一个高度参与孩子成长的父亲，不光可以影响和充盈孩子的一生，这个父亲本人，也会在获得父性的过程中，逐渐成长、成熟为一个大写的男人。

这归根结底是一次父亲同孩子的相互成全，彼此成长。

但是，在十五年的心理咨询师生涯中，我也见证过太多的父亲缺席和不称职。在中国执业的那九年时间里，我逐渐熟稔了"丧偶式育儿"这个词儿；在美国执业的这六年里，我看到了太多美国孩子，尤其是少数族裔的孩子，缺少并渴望着一个父亲。如果说中美两国之间有一个最相似的家庭结构性问题，那可能就是父亲在孩子的成长过程中肉身抑或情感缺席问题。

我依然记得，曾经有一位拉丁裔的青少年男孩，坐在我的咨询室里，看似轻描淡写地告诉我他对自己亲生父亲的失望——父亲和母亲离婚后，几乎很少来探望；而他一旦出现，就会情绪崩溃，哭诉自己移民美国后的生活不易，压力太大，以至于他自己也觉得对不起孩子，因此父亲在儿子面前哭泣。

这位来访者总结道："你知道，我爸爸在我面前，比我更像一个孩子。"

我想，在中国，这位父亲应该可以被称为"巨婴"。

我们当然可以讽刺、批判，乃至鞭挞这些自己都没有长大，因此根本为孩子提供不了父亲职能的"巨婴"男性。但在我的临床经验中，我也发现，在这些男性的成长史中，几乎从来没有人好好地教过他们，鼓励且看见过他们的成长。更让我震撼的是，多少"巨婴"，他们自己的父亲也是缺席，或者是失功能的存在。

因此缺席的父性，真的会代代相传。导致一代又一代的孩子，内心怀揣着似乎怎么也填不满的"父亲饥渴"（father hunger）。

这些孩子哪怕长大以后，也会急切地希望有"老师傅""贵人""老领导"来带自己，来指导，甚至保护自己，但又在一次一次的理想化破灭中，感到对男性权威的失望。

读了这本书以后，你会发现：这些被守护、被指导、被陪伴的需要，几乎全都是重要的父性职能——在孩子成长的关键期，这些职能不入场，那么有些孩子终其一生都会变着戏法儿地去补偿，去追寻，哪怕让自己翻来覆去，遍体鳞伤。

所以我发心要翻译这本书，因为我知道这是一个极重要的议题。

这本书不但让我在一定程度上学会了做一个父亲，更重要的是，它也让我明白了在孩子（尤其是男孩）的不同人生阶段，一个父亲自己可以从育儿中"赚取的福利"——自身人格的逐渐成长、自身能力的逐渐完善、男子气概的日渐充盈、对女性的逐渐看见和尊重……

长期以来，父亲育儿被蒙上了一层义务感和责任性。实际上，学习成为一个父亲，获得迈克尔所说的"父性"（fatherhood）的过程，是一个男人在与孩子玩耍、学习、交流、相互欣赏乃至崇拜的过程中，不断修通自身，让自己更有主观幸福感、充实感且获得自身生命意义的过程。

你若想成为一个顶天立地的男人，那么先把孩子顶在自己的肩膀上。

另外一个非常值得一说的点乃是：这本书里所说的"男子气概"，是一种整合了女性化特征的男性气质。一个男人，要想成为一个不退场的父亲，一个大写的男人，那么他或多或少要看见、整合、接纳那些传统意义上被视为女性特质的品质：联结、爱、共情、悲悯……整合这些特质会让男人成为一个非常在场的父亲，也会让男人看见且尊重女性（尤其是自己的伴侣），还能让这个男人充满着因爱和悲悯而自然生成的坚毅性和守护性。我们的力量不光来自义务和责任，它更应来自由内而外真实的爱。

这本书的作者迈克尔·J. 戴蒙德与我亦师亦友。在翻译的过程中，我不断地与他沟通，向其请教，请其澄清。虽然新冠疫情期间，我们两家哪怕只相隔四十分钟车程，也只能苦于在网上相见，但每一次相见我都收获极丰。就在一周前，我们终于在洛杉矶的疫情缓和下来后，第一次线下见了面。我把我的妻子、儿女全都带去拜访了他和他太太。我的妻子第一次见迈克尔，她告诉我对他的印象——"第一次见到一个男性，带着有如女性般的温和"。我当时心里想着，但没有告诉妻子的是，其实这个领域里很多的高手，都有着雌雄同体的特质。

其实能够走到写译者序这一步，我最想说"谢谢"的，是我的妻子。她直接翻译了这本书的两个章节，但她认为这是在我成为父亲的路途上很重要的一本书，因此坚持要求不署名。在翻译这本书的过程中，我最最愉悦的体验，就是在小咖啡馆里，和妻子两人一同商量如何翻译才能做到"信达雅"，如何遣词造句才能呈现出我们深爱的中文的美，但又不失作者本意之过程。我们一起完成了这本书的翻译。没有她，笔译会像我开头说的那样，是一个枯燥且孤寂的过程。但实际上，这个过程愉悦、辛苦，且一直被陪伴着。

最后，我想用自己曾在公众号里写过的一段话，来为这篇译者序结尾。我知道哪怕不可能全然如愿，也愿天下人都有一个足够好的父亲，或者有一个哪怕不是父亲却也能懂你、爱你、守护你的人：

"所以父亲们，'活下来，活下去'（be alive and stay alive），在孩子的童年，不死亡，不退场，熬过生活的艰辛，熬过妻子从对你向对孩子的情感转移，熬过孩子对你的亲近和依恋，熬过他们对你的理想化，熬过他们的愤怒，熬过他们的失望，熬过他们把你一会儿视为神和一会儿视为虫的戏剧性起伏，最终在他们心中成为一个普通的却深爱着他们的老男人。

"你还站在那里，你还坚韧地存在着，because you are a FATHER。"

孙平

2022 年 10 月 13 日

于加州洛杉矶

目 录 My Father Before Me

引　言

　　直到 17 岁那年，我还一直在打青少年棒球联赛。在那个年龄阶段，大多数孩子的父亲已经不再来观赛了，即使他们之前经常规律性地过来。男生们开始觉得，如果自己这么大了父亲还来学校抛头露面，那可就太不"酷"了。我了解我的父亲，当时他只不过是想坐在露天球场看我打场球，而且还是他曾经点燃了我对棒球的热爱。但因为我需要保持自己的独立性，所以我当时执意让他待在家里，不要过来。如果他在场，我想我没办法忍受那种尴尬。似乎他的出现，会使我显得没那么成熟。

　　一天下午，在经历了一场让人特别激动的球赛后我回到家中，父亲问我打得怎么样，我用那种典型的青少年的腔调随意回了句："蛮好的。"

　　"我听说有一轮你打出二垒打了。"他说。

　　"哎，你怎么知道的？"我突然怀疑地问道。父亲表现出很明显的慌张，他结结巴巴地说自己恰好碰上了教练，但我知道他在撒谎。

　　"我看了比赛。"他终于承认了。

　　"怎么看的？"我不依不饶地问道。那天看台上只有稀稀拉拉的些许观众，他不可能坐在看台上。

"呃，靠近左外场手的护栏后面的灌木丛里，有个缺口来着……"他说，"待在那里可以看比赛，但你看不见我。"

听到他的这个回答时，我惊呆了。除了震惊以外，对于他的冒犯，我感到愤怒，甚至是暴怒。他怎敢不尊重我的隐私！为什么窥探我？！当然，我不得不承认，我当时对于他见证了我的出色表现，内心有一部分还是暗喜的。我也感激他采用了一种不让我知晓的方式见证了这一切，尽管一想到他在我身边鬼鬼祟祟我就有些不自在。当时的我还真搞不懂为什么自己会有这么多强烈的、自相矛盾的情绪，更不用说去应对它们了。于是像大多数遭遇这种情形的青春期男生一样：我封闭了自己。

直到今天，当我也成了一个青春期男孩的父亲时，我才充分理解父亲当年内心的矛盾：他必须在尊重我的隐私需要和看我们两人都深爱的球赛之间做出权衡。我儿子现在也忙着跟我划定边界：看看什么要与我分享，什么不要。所以直到今天，我才可以体验到父亲当时的那种矛盾心情。

我现在完全理解了我的父亲，并且深深地感激他当时所做出的充满爱的努力：他既尊重了我的隐私，又见证了我的成就，从未缺席。

我只是希望他今日依然健在，这样我便可以亲自向他表达我的理解与感激。我还想问他一个问题："你是怎么做到的？"我只是想知道，他怎么发现并尊重我的需求（作为一个青少年从家庭中分化），同时又理解：我仍然很想作为这个家庭的一分子。还有，他当时是怎么感知到我既渴望获得他的欣赏和尊重，又希望保护自己的独立和隐私的？

今时今日，我不但是一个父亲，而且还是一个精神分析师。我广泛地研究人类的发展，在治疗病人的临床实践中以及见证自己孩子成长的过程中，我仔细观察过这种发展。我终于认识到：我的父亲之所以可以看到我身上那对相互矛盾的需要（既渴望独立，又希望保持联结的需要），是因为他自己在做男孩的时候，也经历过同样的矛盾。

我可以肯定，就像我自己一样，这两种需要也曾存在于他身上，两种需要虽然有冲突，但是任何一方都不能把另一方抵消。他识别出了自己曾经的内在冲突，这使得他起码在棒球赛这类事件中，可以做一个承受得住我的愤怒和失望的父亲。他知道我当时生他的气，也知道我排斥他，但他没有往心里去，因为没往心里去，他就不会想要报复，又或者让自己沮丧抑郁，并因此退出我的生活。相反，他作为一个父亲，在我的生命中一直在场。他的这种在场，今时今日又让我自己作为一个父亲，在面对儿子的过程中，同样成为一个不退场的榜样。

既渴望认同，又渴望分化；既可以回头理解自己的父亲，又可以向前张望去想象自己儿子未来的生活。这一系列复杂的互动和情感的交流，构成了父子关系的核心。

毫无疑问，尽管人类父子之间的情感纽带会一直存在，但是一般说来，随着时代的变迁，父亲与孩子间的联结的力量和亲密度还是会有增减的。比如曾经在农耕社会，父亲通常会高度参与孩子们的生活，充当他们的老师、指导者和引领者。但是父亲的参与程度随着19世纪中叶工业革命的到来开始逐步下降。一个家庭从农村搬到城市之后，男人就必须离开家去外面工作，结果，他在家庭中的影响力就会下降。以至于到了第二次世界大战结束时，人们已经很少再把父亲这个角色，视为一个对孩子健康成长有益的因素。相反，父亲这个词开始变得有些臭名昭著，因为他们的缺席，因为他们对孩子的破坏性影响。他们要么施暴，要么忽视孩子，要么过早离世。很多人告诉我，他们已经不再记得还有"成功的父亲"这档子事儿了。[1]

高效能的父亲不仅退出了大众的想象，实际上他们也从专业文献中消失了。学术文献大量记录的是母亲、母性，以及她们对于孩子的影响。社会科学家都不自觉地贬低父亲角色，对父亲的研究严重匮乏。即使在今日，我们每每提起父亲，更多地也只是聚焦于一些具体且外在的东西：帮着换尿布，去开家长会，教孩子踢足球，当然还少不了电影里争夺孩子监护权胜利后的场景。与此同时，一些更重要的议题却无人问津，如一个男人成为父亲，会发生怎样的改变？一个男人成为父亲，会对他的伴侣产生什么影响？一个男人成为父亲，会对这个男人与他自己父亲的关系产生什么影响？父亲和儿子，彼此对对方的感觉到底怎样？一个男人，在成为父亲的过程中所产生的情绪，如希望和害怕，欢乐与痛苦，到底是怎样的体验？直到今日，这些议题大都无人问津。

每当父亲出现在文学或者心理学文献中的时候，作者总是象征性地让他们走走过场，并未将他们对儿童发展的实际正面影响当回事。父亲的现实参与（父亲对孩子的生活能够产生，并且也确实产生了丰富且深远的影响）统统都被忽略掉了。这种忽略造成了很多让人不快的后果。其中之一就是我们的社会极度轻视父亲的积极贡献，从此母亲对孩子的发展负全责——只要父亲不坏到极点，孩子的成长就没他什么事情了。

所幸的是，我们轻视或者忽视父亲影响力的趋势，因为下列原因，在20世纪70年代后有了改变。随着女权运动的萌芽和女权理论的发展，社会开始发生翻天覆地的变化。当女人成群结队地涌入职场，双职工家庭开始成为家庭常态以后，男人在育儿方面也不得不变得更为积极，这使得男女之间的性别角色划分不再那么僵化。与此同时，产科和儿科的发展也使得父亲可以更直接地参与妊娠、接生以及新生儿护理的过程。比如拉玛泽顺产课程（Lamaze natural childbirth）在这个时期就广受欢迎，这个课程鼓励丈夫做妻子的怀孕教练，而且还会训练他们的助产技能。最后，多亏了行为和心理–生理学观察技术的进步，研究者得以真正开始考察父亲与孩子之间情感联结的重要性。

今天，我们承认父亲在儿童养育过程中所扮演的独特且必要的角色。父亲并不单单是帮母亲打打下手、做个替补那么简单，他和母亲的角色本就是高度互补的。他是一个男人这个简单的事实和他所怀揣的父爱，将对孩子产生一种重要的影响。这种影响会从妻子的怀孕之日起，一直延续到父亲本人过世，甚至延续到孩子过世的那一天。要知道，即使孩子没有父亲，他们也能感受到父亲的影响。这是因为他们会根据现实和自己的想象，以及存在于家族和文化中的传说，来创造一个内在的父亲形象，并被这个形象影响一生。

上述所言皆为常识，至少对处理父子关系的专业人士而言是常识。不太为人所知的是：不仅父亲会深刻地影响儿子，儿子也会影响父亲。这并不意味着父亲和女儿之间没有重要的相互影响，他们有。然而基于生理、文化以及心理上的多种原因，父子关系会显得尤为错综复杂。父子间独特的情感联结，自然缘于他们两人都要互相认同彼此的男性身份，也就是说缘于他们生理上的相似性。这种强烈的相互认同（mutual indentification），会使得父与子在彼此生命的历程中相互影响，表现尤为复杂多样。

我的研究表明，父子关系的发展会跨越某些特定的发展里程碑——从婴儿期到学步期，从童年期到青春期，从成年早期到中年，父子间的互动会经历一些严峻的考验。一方会全方位地影响另一方。但我们需要明白一点：在一段错综复杂的父子关系当中，影响总是相互的而非单向的。所以在理想的状态下，父子二人会一同成长和发展。

根据这种理解，成为父亲，作为一个男人生命之中最大的挑战之一，绝不只是他生活的一个分水岭事件那么简单。在成为父亲的过程中，这个男人会影响他儿子的发展，与此同时，他的儿子也会促使自己产生相应的蜕变，这是一个复杂的互动系统。在生命中的任何一个阶段，父与子都要各自处理自身的发展议题，但他们的关系又是如此独特，以至于两人可以相互促进对方成长，携手进入下一个发展阶段。

在本书中，我自始至终都会探讨父亲在儿子成长过程中所扮演的角色，与此同时我也会描述在儿子发展的过程中，父亲有哪些成长历程也将被开启。我将追随父与子的生命周期，看看他们是怎样协作的，又是怎样彼此争斗的。为了考察这种特殊的人类关系的复杂性，我将尤其关注父子两人在各个成长阶段，在彼此的影响之下产生的各种内在情绪体验。[2]

将一个人的生命分成若干阶段，难免有武断之嫌。一个人成长的重要标志和里程碑，如果像清单一样被列出来，总归会有局限。因为这是理论，但人不是理论。每一个活生生的人，其人生轨迹都是独一无二的。然而，为了开启父子终生相互影响这个主题，我仍需要把某些发展阶段，以及各阶段中父子各自的角色特点进行些许概括。

比如，为了保护婴幼儿，父亲要承担起一系列新的责任，而且得重新定义何为真正的"男子气概"（masculinity）。为了把自己的儿子带入一个更为广阔的世界，男人要领会什么是"他者"（otherness），即认识到他人有与自己不同的存在方式，而这种认识，正是同理心（empathy）的基础。当男孩需要把父亲当作自己的榜样并学习其行为时，男人则需要及时地发展出父权意识及个人责任感。当男孩开始进入"俄狄浦斯阶段"（oedipal stage）时，父亲要学会直面、涵容，以及更为恰当地表达自己的"困难情绪"，尤其是愤怒、嫉妒（envy）、妒忌（jealousy），以及竞争性。在儿子进入学龄期（上小学的阶段），父亲则需要发展出教育和指导的能力。青春期男孩的父亲则要学会如何"坐过山车"（学会如何在儿子对自己时而认同，时而贬损的起伏过程中维持自己情绪的稳定），还要学会如何管理自己人格中脆弱的部分。当男孩步入成年早期后，父亲要学会"放手"（letting go），要学会在儿子飞速成长的自主性面前，放下自己的权威——即使这会让自己明显体验到失落。作为一个成年男人的父亲，他需要学会直面自己的依赖需要，还要想方设法为子孙后代留下一笔可被他们铭记的精神财富。最后，一个父亲要学习面对和接纳自己的死亡，而这通常也是在年长的儿子的帮助下完成的。

在这段生命历程中，一个积极养育孩子的父亲，通常也会与父母和解，有机会与父母完成一些未完结的事件（unfinished business）。通过成为一个父亲，通过持续性地养育孩子，一个男人会经历情感、心理、品德甚至是身体面貌上的改变。精神病学家及作家凯尔·普鲁特（Kyle Pruett）的研究表明：通常参与度高的父亲情感会更加丰沛，头脑会更加灵活，思想会更加开放，并且身体会更加健康，寿命也会更长。[3]我相信，随着时代的进步，父亲和孩子之间的相互影响会变得越来越明显，越来越深刻。

作为一个私人执业的心理治疗师、夫妻治疗师，以及专门研究父子关系的精神分析师，我汲取了自己超过 30 年的工作经验写就本书。这本书的内容以我的临床观察和研究发现为基础，辅以大量的个案材料。早在 20 多年前，我就开始考察男人在成为父亲的过程中产生的焦虑、梦境，还有希望。之后数年，我对人父会如何塑造男人的男子气概这个主题进行了研究。之后不久，我又致力于理解父亲在儿子一生的生命周期中所产生的具体影响；然后反过来，再研究儿子会怎样影响父亲的发展。2000 年左右，我的研究聚焦于理解父亲怎样帮助儿子塑造灵活且健康的男子气概，而这种男性身份认同（masculine identity）在一个男人的一生之中又会如何转变。[4]

我对父子关系的各种形态及其益处的探索，还有我对性别角色的探讨（即一个"男人"意味着什么），基于一种关于"男子气概"的新视角——这种视角最近才出现在美国人对性别和性特征的主流论述当中。之前学术界涉及男性性别的探讨往往容易落入两端：一端视男子气概为生理所决定，由物种演化传递下来，因此是无法改变的；另一端则视男子气概为社会所建构，由环境和文化所创造，因此是变化无穷的。我的目标是避免执此两端，取中道而探索，即摒弃非黑即白的思维，采取兼容并包的态度。

在美国文化当中，所谓的男子气概必须要经历一次又一次的社会检验，只有个男儿身可不够。追本溯源，视男人为男人最重要的标志就是：他不是个女人。所以做男人，有时不得不变成一场零和游戏：一个被视为有男子气概的男人，不得不磨灭自身所有的女性化特征。鉴于此，本书所认定的男子气概，则植根于这样一种理念，即一个真正的男人，需要承认和接纳属于自己的所有方面，这也包括将那些被社会界定为"女性化"的特质视为自己男子气概的固有组成部分。

需要强调的是，我在这里并不只是想提出一种"更友善、更温和"的男子气概定义。一个男人并不需要在自己身上挂个奶瓶，假装给宝宝喂奶，来确认自己的女性化特质。但他也不需要在肩上扛一把突击步枪巡山，或者时不时秀一秀肱二头肌来证明自己是一家之主。与这些各执一端的视角不同，我认为：一个有男子气概的人，可以接纳这样一个看似矛盾的心理现实——终其一生，他所体验的男性化和女性化特质都会缠结在一起，无法全然分离。

我在本书中的见解来源广泛，它们来自我作为一个精神分析师和心理治疗师对自己病人的倾听；来自我与其他分析师同事以及相关研究者的交流；来自该领域的主要理论家（如弗洛伊德和温尼科特等人，也包括现代学者）对于为父之道和男性发展等主题的研究结论；来自我周围生活中所能观察到的普通父子的互动，这也包括我在孩子的班级旅行中以及棒球场上与其他父亲的对话，这些父亲来自不同的社会经济阶层，很多人这辈子都没进过心理治疗师的办公室。最后，这本书反映了我自己在做儿子、做丈夫以及做父亲的过程中，对这些生命角色所产生的宝贵的理解和体验。

我们对于父子之间独特联结的理解仍在发展和演变。我写这本书，正是希望尽自己的一份绵薄之力，以推进、普及这些正在被缓慢积累和拓展的知识。同时我也希望激发阅读这本书的男性读者，促使他们以一种严肃的态度、坚定的决心进入父亲这个角色。[5] 实际上，为人父是一种召唤，他们需要听从这种召唤，从而开启一段全新的内在旅程。他们将与自己的儿子一同开启这段旅程，最终两人也将共同成长。在此旅程中，我们终将理解威廉·华兹华斯（William Wordsworth）那句智慧箴言的含义——"是孩子，造就了一个男人"。[6]

第 1 章

积极准备

将为人父

> 汝儿五岁为汝主，
>
> 十岁为汝仆，
>
> 十五为汝影，
>
> 其后或为汝友，或为汝敌，
>
> 悉决于汝所养。
>
> ——哈斯代·伊本·克雷斯卡斯（Hasdai Ibn Crescas）[1]

　　和成为男人一样，成为一个父亲绝非易事。我们知道，成为父亲太容易被一个狭隘的、可观测的事件所界定。大多数时候，在这个男人的女性伴侣生下两人的孩子以后，我们就认为这个男人已"成为"一个父亲。是不是很简单？至少看上去很简单，对吧？然而实际上，"成为父亲"是一个相当漫长、微妙且十分复杂的发展过程。

　　事实上，成为父亲这个过程早在妻子分娩之前的怀孕阶段就已经开始了。

一个女人的母性可以追溯到她还是一个小姑娘的时代，这个小姑娘会希望变成自己的妈妈，她从小就可以通过某些象征性的抚育行为，体验到一种创造新生命的母性渴望。同样，一个父亲与新生儿之间的依恋关系也可以追溯到这个父亲的小男孩时代，追溯到他在儿时就已萌芽的父亲身份认同（paternal identity），这种认同源于他的本能、愿望，及其父母的抚育行为的影响。

和母性相似，父性也有其心理、生理基础，我们可以称之为"父性本能"（paternal instinct）。"本真的父爱"这个词就是用来描述父性的本能基础的：男人将来建立父子联结，成为家庭需求供应者，就基于这种本能。[2] 父性的本能基础还表现在父亲对新生儿的"全神贯注"上，这是父亲对新生儿产生的一种全身心关注，甚至是着迷的特殊意识状态，它会让父亲有一种自身生命被扩展的体验。[3]

父亲还可以与新生儿达到一种"生物周期同步"（biorhythmic synchrony）的状态，这是一种和母性相似的共情性抚育状态。在这种状态中，父亲表现得好像会把自己的宝宝"吸收进自己的身体"一样。[4] 我们常常可以在小男孩照顾自己的第一条小狗、小乌龟甚至小金鱼的时候看到类似的抚育态度和行为。如果一个小男孩的父亲也积极地参与到对他的抚养中来，那么这个小男孩就会萌生更多的父性。

遗憾的是，人们通常只会把怀孕视为母亲一个人的事，我们会看重她怀孩子的独特体验。我们相信母亲在心理和生理上为怀孕所做的准备会对宝宝产生深远的影响，这些都没错。但与此同时，如果我们认为一个男人在妻子产前所做的准备，对宝宝的影响可有可无，那么就大错特错了。大多数人都没有发现这样一个事实，即一个男人与他孩子的关系，其实早在孩子出生以前就已经建立了。一个父亲的存在，会对妻子的怀孕和孩子的最终降生产生深远的影响！另外需要指出的是，妻子怀孕，其实也会对准爸爸本人产生很多意想不到的影响，这甚至会使他在这十月怀胎的过程中，和妻子一样拥有很多重要的个人体验。

我以前的一位病人吉斯很早就发现了这一点。吉斯七岁的时候，他的妹妹降生了。他的爸爸是一个职业音乐家，据他回忆，此人"永远不在家"。但是当妻子梅告诉他怀孕消息的时候，吉斯简直欣喜若狂。小两口一直希望拥有一个完整的家庭，所以当这个愿望终将实现的时候，吉斯开心得难以自持。他把这个消息告诉了自己认识的所有人，尽管梅提醒他在头三个月要保持低调，但是对有孩子的生活的幻想，仍一直占据着他的脑海。

吉斯早就料到，这个新生命会在降生以前就改变他和妻子的生活，但除了自己的父亲以外他没有其他男性榜样，所以他压根没想到：梅的怀孕会严重影响自己的日常习惯。他以为自己仍然可以不用操心家里的事，照常去上班，吃梅准备的晚餐，工作日的晚上出去和朋友们玩到很晚，当然还有周六早晨玩垒球。但是，当梅孕期的疲倦感和强烈情绪波动达到顶点时，吉斯开始感到害怕，害怕宝宝当真来到的那一天，自己的生活到底会变成什么样。他开始感到从此以后不只是要对自己负责了，他担心自己的生活会被进一步压缩——我不会要放弃自己的垒球比赛吧？或者更残酷的是，我不会要自己学做饭吧？

吉斯和我讨论了他的焦虑，在交谈的过程中，我们都注意到了他本能的父亲照顾功能正在起作用。他很快就意识到：在这个阶段帮助梅摆脱困境很重要——帮助她，就是在为孩子的到来搭建舞台。他看到自己的妻子在孕期是多么需要自己，她在孩子降生以前甚至比之后需要更多的帮助！因此，他自愿在周六的早上待在家里，他们会一同坐在沙发上读报纸，而且会计划当天晚上的活动。他甚至还自学了一些简餐的做法，家务干得也更勤了。

跟我一起工作的时候，吉斯表达了自己的内心矛盾：一方面，他明白在梅的孕期和生产以后帮助她是必要的，即使他要为此做出一些个人牺牲；另一方面，他也害怕自己不再像以前那样"爷们儿"。不过好在妻子怀孕带来的改变，最终让吉斯蜕变为一个更好的丈夫，而且这个过程也为他将来成为一个温柔体贴的好爸爸打下了基础。在儿子最终出生以后，吉斯讽刺道：他现在已经不担心自己是不是个"爷们儿"了。他现在可以骄傲地宣称，男人只有在真的做了父亲以后，才算得上是个崭新的"爷们儿"。

总而言之，通过调整自己和更加专注地照顾妻子，吉斯意识到：他现在照顾梅，实际上就是在照顾两人将来的孩子。与此同时，妻子的怀孕过程反过来也改变了他。通过照顾妻子，吉斯直接参与到怀孕的过程中。为了照顾妻儿，他不惜牺牲自己的需要，用实际行动改变了自己从父亲那里观察到的"父亲退场"模式。所有的这些努力，让吉斯对什么是真男人，什么是好父亲，甚至怎样才算是一个更加完整的人，产生了比以前深刻得多的认识。他正在成为一个父亲，这毫无悬念。

做妻子的"情绪教练"和"代理人"

通过和妻子一起学做一些新的事情，比如像吉斯一样承担更多家务，一个男人在妻子怀孕期间其实可以成为一个更加优秀的丈夫。优秀丈夫的一个重要表现，就是在孕期承担甚至接管妻子之前所做的一些事务性工作。也就是说在这个阶段做一个妻子工作的"代理人"（delegate），以至于最终成为这个家庭的"代言人"（spokesperson）。这样的话，孕期的女人就可从外在世界的各种责任中抽身回来，更多地关注在这个阶段本就需要得到更多关注和照料的自己的身体。另外，对很多男人而言，做妻子的代理人也意味着要直接且及时地缓解平日里妻子的首要压力。要知道在这个阶段帮助妻子缓解压力，从长远来看，会让所有人受益。一个丈夫理应帮怀孕的妻子挡住外在世界的冲击，使她免受侵扰，这恰恰就是在保护她腹中的宝宝。

举个例子，亚特是我带领的准爸爸团体中的一员。一天晚上他和怀孕六个月的妻子乔安一起从电影院走出来，恰好碰上了乔安平时的一个点头之交。怎知这女的径直就向乔安走来，一把手放在乔安的肚子上就开始摸，边摸还边说："我说怎么这么久没见着你了，现在我知道了！你看你这肚子都多大了！"妻子乔安平时就是一个不喜言辞的人，而且讨厌身体接触。实际上，在怀孕以后她变得更加厌恶随意的身体接触，因为这会打破她的身体边界感。亚特之前就知道乔安如果碰到这种事一般很难开口表达自己的不适，而且身处孕期的她变得更加关注内在，当下就更不会表达自己了。虽说此刻乔安还对着这女人礼节性地笑了笑，但亚特知道她现在内心应该在哭才对。他感受到了一种强烈的保护妻儿的欲望，于是他轻轻地挪动了一下妻子的身体，那女人的手也就顺势从乔安肚子上落了下来。

"谢谢你的好意啊，"亚特开口了，"蛮高兴遇到你的，但是我们正准备回家，回见啊……"说着，亚特用手搂住了老婆的肩膀，带着她离开了。通过这种简单但有力的方式，亚特充当了妻子的代理人。他看出了乔安的需要，而且在她无力表达的时候帮她表达了出来，这样就让她可以免受那女人的罪。亚特识别出了妻子的内在体验，这使得他可以在她无助且无力表达的时候，帮她表达。所以，亚特在孕期的新角色，就是在必要的时刻充当妻子的喉舌，帮她说她想说的话，做她想做的事。

男人在妻子孕期还会发展出另一个不太为人知的角色，那就是他会逐渐成为妻子的"情绪教练"（emotional manager）。也就是说，他会学着承担、抱持、涵容以及调节妻子以焦虑为代表的情绪，从而使她得以全神贯注地聚焦于自己腹中正在成长的胎儿。

让我们来看看希拉的例子。希拉怀孕八个月，有一天她在报纸的科学专栏里读到一篇文章，讨论吞拿鱼的汞含量上限问题，这篇文章还讨论食物含汞是否会对胎儿有害。没想到这一读就不可收拾，希拉接下来的一天时间都在网上求证此事，以至于到老公戴维收工回家的时候，她整个人都快被吓傻了。她又急又气地告诉戴维：自己每周上班吃的都是吞拿鱼三明治，这会不会已经伤害了腹中的胎儿？

第二天上班的路上，戴维把同一篇文章读了一遍，他自己也害怕。昨天晚上因为希拉的焦躁不安，搞得他自己也没睡好，他心里也充斥着其他一些焦虑，而这些焦虑统统指向一个问题：自己和希拉的孩子会不会正常健康地降生？但是他知道，希拉本人已经够焦虑了，所以在这个节骨眼上，他必须要自己消化自己的恐惧。消化好了之后，他再平静地打消老婆的疑虑，跟她说"你每周吃的三明治里的汞含量，比那篇文章里讨论的汞含量低了去了"。然后他一再重申所有医生对他们两口子的判断——因为他们相对年轻而健康，所以生个健康宝宝的概率是相当大的！

戴维知道，他不仅要控制住自己的情绪，而且需要"抱持"住希拉的情绪，不能让她被那些媒体炒作出来的焦虑给压垮。在戴维作为一个情绪容器，成功地涵容下了两人的焦虑之后，小两口都感受到了轻松，而且获得了更好的隔离恐惧的能力。

通过承担这些角色，男人会与怀孕的妻子建立起一种特殊的同盟关系。在这种夫妻同盟中，随着两人不断向共同目标靠近，他们的亲密指数会因彼此之间强烈的共情性联结（empathic bonds）而节节攀升。在孩子出生的那个阶段，男人就不必再像之前那样高强度地扮演代理人和情绪教练的角色了，因为妻子在怀孕期间超强的身体负荷大部分都会得到缓解。[⊖] 但是，经过这些角色的试炼，他已经成长为一个更加主动、更懂得支持妻子的丈夫。这种基于情感理解之上的亲密同盟，会夯实丈夫和妻子之间的关系，也会为宝宝的降生搭建一个基础平台——要知道和谐的父母关系，才是真正让宝宝"赢在起跑线上"的必要因素。我把这个基础平台称为"养育同盟"（parenting alliance）：这是一个由共同的目标，在求同存异基础上建立起来的联盟。它的存在，会贯穿孩子发展之始终。

⊖ 一般美国人没有"坐月子"的概念。——译者注

准爸爸要有创造力

很多准爸爸倾向于只是把自己界定为"大事件"的见证者，说白了，也就是只有旁观老婆怀孕的命。当然，不少男人会得意于自己让老婆受孕的能力，要知道这可是他们最重要的创造行为。不过呢，孩子并不长在他们肚子里这个严酷的事实，过不了多久就会把他们那些个毫不掩饰的小得意给冲刷掉。但是，只能做旁观者这个事实，确实会让男人体验到嫉妒，以及一种被排除在外的感觉。不仅如此，纯生理的原因决定了无论男人怎么努力，女人总会比他们更快更深切地感知到两人的宝宝。

因此，尽管男人听到老婆怀孕的消息后可能会感到兴奋、欣喜，也会为老婆感到开心，但他们在身体层面上，却完全体会不到怀孕是个什么滋味。这是一个生理学上的事实，但也正是因为这个原因，美国文化常常不鼓励男人高度参与怀孕过程——也就是说，他们不能过于受影响。他们在一定程度上要保持置身于事外的状态。在心理学家杰罗尔德·夏皮罗（Jerrold Shapiro）的著作《当男人怀孕时》（*When Men Are Pregnant*）中，他指出男人在孕期经常处在一种"两难境地"：人们会鼓励他充分参与妻子的怀孕过程，而与此正好相矛盾的是，人们有时又会把他视为局外人，什么事都让他自己去消化。[5] 但是你又听说过几个男人对自己当局外人有怨言呢？如果有，应该也是很少吧。这恰恰说明美国社会其实并不鼓励男人质疑自己在妻子怀孕过程中的局外人地位。事实上，文化中有相当大的压力，让男人完全不要管怀孕这件事。男人只要在孕期帮妻子打打下手就好，至于这些个大老爷们，在这个阶段自己的心里会产生什么微妙的变化，那就更不会在意了。

鉴于此，我必须要指出这样一个事实，这是一个无论对父亲还是母亲，抑或是对未出生的孩子而言都极其重要的事实：虽然宝宝长在妈妈的肚子里，但是爸爸在理性和感性层面上都应该要清楚——自己在孩子的孕育、成长和发展过程中所扮演的角色的分量，绝不会比妈妈轻！因此，丈夫作为妻子怀孕之前在身体层面上最亲密的伙伴，在妻子的孕期也一定要想办法转化自己的嫉妒、失落，还有那种被排除在外的感觉。一个父亲要成功地将这些破坏性的情绪转化为更具有社会价值的情绪。与正在创造生命的妻子一样，男性在这个阶段也要找到独属于自己的创造性体验，虽然这是一种截然不同的创造。大多数的男人通过创造，可以转化自己在老婆孕期产生的各种负面情绪。

我认为，丈夫只有找到积极健康且具有建设性的方法来表达自己的创造力（当他们能够亲眼看到自己花体力和心血所创造的东西），才会有能力撇开那些对家庭运行有破坏性的情绪力量，如无助、没价值、被驱逐感，以及强烈的妒忌。此外，我认为父亲只有在找到了合适的方法来满足自己的创造性需要之后，才能在妻子孕期结束、孩子降临的那一刻，以一种真诚坦荡的心态与她分享那份惊异与喜悦。[6]

在我的个体来访者以及我所带领的准爸爸团体中，我遇到很多男性，他们都找到了创造性的方法来缓解自己的负面情绪。比如萨姆，他在银行工作，但因为从小就跟着爸爸学木工，所以木工现在成了他的兴趣爱好，于是他便在自家地下室里搞了个木工作坊。在老婆怀孕期间，萨姆会等到妻子上床开始读书以后再回到自己的小作坊，他要在那里为自己的宝宝做一个摇篮。弗兰克是一个电脑程序员，他一旦有空闲时间就会为自己宝宝编程序，盼望着将来有一天可以用这个小程序来辅助教育宝宝。胡安是一个雕刻家，他为宝宝雕了一个华丽的木雕放在婴儿房。通过各种创造性的活动，这些男人最终把藏在内心最深处、想要"生出点"什么东西来的渴望表达了出来。借着这些创造性的活动，爸爸们找到了一种合适的、被升华了的方式，给那个正在他们爱妻腹中演化生长的小小存在，赋予了一种生命力。

但是也有不少人，在孕期承担不了责任，背负不起烦恼，所以他们被焦虑和恐惧折磨得很厉害。比如斯图尔特，他告诉小组成员，妻子怀孕让他晚上睡不着，结果身体也生了病，还一天到晚担心胎儿会受到伤害。他变得越来越烦躁，也没有办法支持自己的妻子。小组成员们各自分享了他们对妻子怀孕的反应，这让斯图尔特意识到这种忧虑并不少见，但是呢，自己好像已经被它们给奴役了，他是真的很需要一个出口，把自己的无助感、被动感和遭排斥感宣泄出来。斯图尔特热爱写作，尤其是写诗和歌曲，于是在小组伙伴的鼓励下，他开始为自己的"小儿子"写故事和写歌。神奇的是，自从斯图尔特开始沉浸于自己的创作以后，他的忧虑和恐惧很快就减少了。

有些男人，特别是那些本来就和自己父母的依恋关系出过问题的男人，他们的问题在妻子孕期会再次浮出水面，这会使得他们很难为自己的情绪找到宣泄口。于是，他们会想办法离开这段婚姻，无论是人离开，还是心离开。这里最熟悉的例子可能要数"工作狂老公"了——有时候一个男人变得对工作上瘾，实际上是为了从怀孕的妻子那里逃离。

里奇 34 岁那年，他的妻子，38 岁的南希怀上宝宝了。里奇听到这个消息，心情是矛盾的——一方面，他想利用这次机会做个好爸爸；另一方面，他很害怕承担责任。但是老婆南希却因怀孕而大大松了口气：这些年来她一直认定自己是一个"天生的妈妈"，而且一直担心再不生就会错过最佳生育年龄。然而里奇对于当爸爸是有顾虑的，事实上，他勉为其难才答应配合南希实现她生孩子的愿望。他认为无论是精神上还是物质上，自己都还没有做好准备走这一步。因此南希怀孕后，他便一头扎到自己经营的事业中去，每天工作很长时间，而且越来越感到耗竭。尽管事业获得了相当大的成功，但他依然迫切地想要存更多的"奶粉钱"——尤其是看着老婆的肚子越来越大，他越发觉得自己还不够努力。

里奇在妻子孕期的这种行为，在孩子出生以后产生了严重的影响。幸运的是，他通过和我一起工作，找到了焦虑背后的深层原因，之后他还战胜了自己的内心阻抗，让自己可以主动去照顾儿子了。

要做到这些，一个爸爸既需要识别出困扰自己的有害焦虑症状，也需要看到自己对于即将成为父亲所怀的顾虑。但这只是第一步，就像斯图尔特和里奇这样，一旦一个男人承认了自己的顾虑，他就需要想办法来处理它，而不是任由它继续转变为破坏性的行动。

每个男人，为了迎接孩子的降生，为了应对艰难的新局面，都会有自己的独特反应。我们看到一些人很难适应新的角色、新的期待。但是更多人，却有能力面对准父亲角色的挑战。在此过程中，准爸爸会发现自己作为一个人，不但变得更加全面了，而且为儿女将来的健康发展打下了基础。

在此阶段，那些可以识别出自己焦虑，并学会用建设性的方法涵容自己焦虑的男人，在日后也更有可能与自己的孩子们建立起积极的亲子关系。在下一章我们会看到，这些已经充分就位的准爸爸们在孩子降生的那一刻，是怎么正式进入父亲这个角色的。

第 2 章

从出生到婴儿期

一个父亲的诞生

我无法想象，我们在童年还会有什么需要会超过被父亲保护的需要。

——西格蒙德·弗洛伊德[1]

对于很多父亲来说，走到孕育的最后，见证临盆这一过程是一场妙不可言的经历。九个月的孕期结束后，瓜熟蒂落，人们从对新生儿的拥抱、抚触、喂养和宠爱中产生的浓烈情感难以言表。生命诞生的震撼力量和神奇感，常常比父亲能想象到的更加超凡脱俗，对于第一个孩子的父亲来说，他们会第一次经历什么是超凡脱俗——超出他们凡俗能力所及。有人奉新生命若神明，有人则战栗不已。然而这些情绪都会妥妥地被屎、尿、奶、哭清理，脱俗感还未褪去，你就会被拉入凡尘。

在孩子生命的最早期，不论是男是女，父亲都会全情投入。我的第一个孩子玛雅出生时，虽然经历了 14 个小时的艰难生产过程，我却没有离开过妻子琳达半步。当看到孩子最终安然栖身于母亲的怀抱时，我欣喜若狂，冲出医院，去到街上与所有路过的行人打招呼，就好像他们都是我的亲人一样。我找到一个付费电话，打给所有我很熟或半生不熟的人，我告诉他们生产顺利，孩子健康，并且无与伦比地美丽！我知道这听起来就像是我老婆生了人类历史上第一个孩子，但我真的无法控制自己。接着，我看到一个商店，就买了多得我扛不动的糖果、鲜花和气球，即使我知道琳达根本没心情吃任何东西，对她来说现在什么都不重要，一女万事足。甚至直到现在，那个清晨我第一眼见到女儿的那份欣喜若狂，即使20多年过去了，仍没有哪个时刻能够与之比拟。

当在新生儿身上看到自己的印记时，一个男人会把自己投射到他的孩子身上，随即就会认定这个孩子是一个理想化的存在。他会认为这个孩子与众不同，和他希望自己与众不同的那个部分如出一辙。这听起来有点自大，但事实上，这就是精神分析师彼得·沃尔森（Peter Wolson）所说的"适应性的自大"（adaptive grandiosity）[2]。这个词的意思是：父亲身上为养育而生的却常常有些浮夸的情绪实际上能让他们充分感受到和儿女之间饱含激情的联结。我认为这是育儿当中自然且健康的一面，它是一种"服务于联结的自恋"。这是我们在观察父母和他们的孩子互动过程中持续看到的——女儿出生后我在自己身上也能看到这一点。并且，这个现象也证明了，父亲与儿子之间的联结虽然独特，但是他和女儿之间强烈且充满爱意的联结也丝毫不逊色（男人无须高估他和儿子之间的关系，亦无须低估自己和女儿之间的关系）。

如果一个父亲既能保护妻子以及妻儿之间的联结，又能逐渐沉浸在自己与孩子的直接关系中，那么这意味着他既能深切意识到这个世界有独立于自己的"他者"存在，同时他也会爱上这个世界。他在与另一个生命深深联结的同时，也会由衷感激：他自己是这世上独一无二的存在。

父亲在婴儿成长过程中的参与程度和质量会影响到孩子的发展。与此同时，这些小小的、脆弱的生命也会强烈地影响他们的父亲。在接受自己"月嫂"角色的过程中，很多男性会发现他们有机会发展出一些之前被忽视掉的部分，又或者是重新整合一些之前被他们抛弃掉的人格部分。

"足够好的父亲"

天生的父爱肯定是有的，大部分男性都有能力让父子双方皆有互助互惠的体验。尽管这里有本能基础的影响，但是要获得父性中的那部分优势，还真不会像天降馅饼般容易。因为不管我们把它归结于生物学还是社会学，或者是两者兼有，男人和女人还真有不同——男人需要通过学习，才能成为一个负责任的父亲，并且他也要这样教自己的儿子。正如 17 世纪法国哲学家卢梭所说：母亲与孩子之间的联结是纯天然的，而父亲和孩子之间的联结则是需要被培养的。[3] 时至今日这句话依然没问题。但我们的社会更倾向于赞扬"母性"这种先天禀赋，而父性要受到称赞，通常需要后天一把屎一把尿、勤勤恳恳地在养育中挣到。

积极参与孩子的生活，是培养父亲与孩子之间情感联结的方法之一。这种参与不只是换个尿片或者参加学校娱乐活动这样的表面功夫。首要的一点，父亲的参与必须要能够拓展孩子的内在生命，尤其是孩子们的个人情绪体验。为了完成这个部分，父亲同时也需要参与到他们自己的内在生命中，包括他们的情感、冲动、思想、愿望、信仰和记忆印象，并且还要赋予这些内在生命以价值。通过对其内在生命的参与和调动，一个父亲便具备了理解力，这使得他能够开始认识自己孩子的主体性（subjectivity）。

如果愿意以这些方式面对真实的自我，那么这个父亲便可算得上"足够好的父亲"。英国著名的儿科医生兼精神分析师温尼科特发明了一个术语叫作"足够好的母亲"（good enough mother），"足够好"并不是指父母仅仅"足够"满足孩子需要，或者为孩子提供"足够"多的服务。[4]事实上，温尼科特指的"足够好"是：妈妈和孩子之间的关系足够亲近，从而可以帮助孩子的心灵成长，但又不会太近，不至于让其感到窒息。

同样地，一个"足够好的父亲"走的也是一条"中道"（a middle path）：一方面引导和指导孩子调节自己的情绪，获得对事物的掌控感；另一方面又要促使孩子最大限度地接受这个世界的挑战。父亲特别能够帮助孩子度过其人生中的艰难时刻——比如丧失、挫折、失望——他要让这些困难成为孩子成长的动力，而不是成为限制其成长的绊脚石。

男人有一种心理学家们所说的辨别"他者"的特质，也就是说，一个父亲能够持续地把孩子视为一个有着自己内在主观世界的、相对独立的存在。"足够好的父亲"也是一个日常可及的理想形象，而且父亲要通过自己的选择和有意识的努力才能变得"足够好"。无须追求完美，一个父亲只求他自己，以及他的孩子们，成为自己可以成为的样子。

在成为足够好的父亲的路途上，男人会发现自己变得更富有同情心，更脆弱，更相信他人——这些被我们的文化刻板地标定为"女性化"的特质。在过去，男人可能会避免或者否认他们身上疑似有这样的特质，因为这会让他们成功男人的形象受到质疑。然而，当你成为一个父亲，你就有机会去挑战和重新整合自己身上的各种人格特质，从而获得照顾孩子的能力。这样你就会感到自己更加完整。当一个男人可以去养育，可以去关照他人、满足他人的需要，同时也可以娴熟地、有建设性地运用自己的父性权威和男性攻击性时，他会感到自己更加灵活自由。

一个父亲需要打怪升级，完成各种任务，来让自己成为一个足够好的父亲。这就要求父亲认识到孩子在他们的各个成长关键期，对作为父亲的他而言具体的需要是什么。对儿子和父亲各自的发展阶段、各阶段发展任务的探索将贯穿全书。所有这些任务，对保证一个儿子或女儿的健康发展都是关键的。相反，如果足够好的父亲缺位，那么就会在孩子不同的发展关键期产生不同的后果，比如产生某些特定的冲突与缺陷。这些冲突和缺陷常常表现为一种名为"父亲饥渴"（father hunger）的痛苦情感状态，或者说饥渴状态。[5]

要理解如何成为一个足够好的父亲，就需要明白父亲角色的本质在于：从自己的孩子还是受精卵开始，直到自己离世的整个生命历程里，他都需要回应孩子的需要。在接下来的每一章里，我会一一探索每个阶段父亲所应扮演的角色。正如我在第 1 章中提到的，从婴儿在母体中孕育到其诞生的第一个月，父亲的功能就是一个保镖，或者说是一个有警觉性的保护者角色。在生命的第一年里，父亲逐渐成为孩子"第二个重要的他人"，他是孩子与世界的联络人，他有能力把这个婴儿逐渐从与母亲纠缠的循环里拖拽到外面更广袤的世界中去。当儿子上学前班的时候⊖，父亲开始成为儿子新生的男子气概的示范者和认同对象。在"俄狄浦斯恋母的那几年"，也就是儿子开始上幼儿园时⊖，父亲则开始成为一个挑战者，帮助他的儿子学会放慢脚步，管理他的冲动以及那些喷薄而出、不易控制的强烈情绪，并指导他用健康的方式去竞争。在童年中期，父亲开始成为他茁壮成长的儿子的导师，教会儿子如何获得对事物的掌控感，同时让他初步了解男人的世界。在青春期早期，父亲会成为儿子的英雄，他展现出的所有品质儿子都会想要获得。到了青春期晚期，父亲则会成为一个过气的英雄，因为他的青少年小伙需要打破甚至放弃父亲的标准。当这个年轻的小伙子进入成年早期的时候，父亲要重塑自己作为一个成年男人精神导师的角色，帮助他的小伙子完成这个艰难的过渡。一个年近中年的儿子，会作为一个上了年纪的同伴，把自己父亲视作一个更有智慧的长者，跟他一起穿越成年晚期的人生起伏。到最后，当儿子步入老年时，他年迈的父亲将会成为一个须发老者，常常需要依靠他儿子，就像儿子当年依靠他一样，同时这个阶段的父亲还能帮助儿子做好准备——面对生命的终结。

⊖　美国孩子一般2岁开始上学前班（preschool）。——译者注
⊖　美国孩子一般5岁开始上幼儿园（kindergarden）。——译者注

父亲要充当警觉的守护者

被守护，是一个古老而普遍的愿望。一个人贯穿其整个生命周期，都会渴望在现实的或幻想出来的关系中被照顾和供养。这些守望他的人一般包括母亲、祖辈、哥哥姐姐、还加上入社会以后的领导、政治领袖甚至是想象出来的领袖。虽说范围很广，但守护者和供养者角色的一个极重要代表，就是父亲。

"守护者"角色是跨越文化和传统的。它是"真男人"定义的一个部分，也是父亲最耀眼的特质，父亲所有的其他品质都源自守护。[6] 人类学家戴维·D. 吉尔摩（David D. Gilmore）曾对全世界范围内"男子气概"的定义做过研究，他说，在大多数文化当中，人们认为男性除了使他的妻子受孕以外，他还有两个基本的职能——守护和供养：

> 男人通过流血流汗来滋养他们的社会，为家里的孩子和妻子提供食物，繁衍子嗣，并在必要的时候死于远方，以求保全自己的人民。[7]

尽管从我们的文化角度来看，这个例子可能有点极端，但即使当今女人已经跻身社会主要工薪阶层行列，我们仍然期望男人表现得强势且具有坚定的权威性。即使是生长在非传统家庭里的孩子，即父亲是其主要照顾者而母亲是家庭主要经济来源，这种孩子在成长过程中也相信男性理应是最重要的守护者和供养者。这就可以解释我们的文化对于"男子气概"的理解是多么的强势且深入人心，以至于到了 21 世纪的今天，我们仍无法摆脱那深深烙刻在我们脑海里的刻板性别意识。

当一个父亲不能支撑起文化赋予的具有象征意义的父亲形象时，孩子的情感发展和社会发展将受到阻碍，而这个父亲作为一个男性的理想形象和自我价值感也会受到质疑。相反，父亲如果发挥好守护者的职能，那么这个"真实的、有血有肉的"男性将最大限度地满足我们对理想化父亲的期待，他就不再只是一个形式上的父亲了。

从进化论角度来看，人类父亲像很多动物父亲一样，已经进化成为能照顾和爱护其伴侣及孩子的男性，他可以始终如一，不离不弃。一个好父亲，一个如山的父亲，一个充当守护者的父亲并非只存在于人类社会，也存在于其他生命物种之中，这足以说明父性是一种本能。正如文化分析师杰弗里·马森（Jeffrey Masson）在其文中所言：

> 雄性帝企鹅、雄性海马、苏格兰父亲、牙买加父亲、狼爸爸、雄性口腔孵化的硬骨鱼、印度尼西亚父亲，还有那些从加州伯克利来的、印度来的海狸的父亲，以及北美草原上土拨鼠的父亲、阿根廷达尔文蛙的父亲、智利人的父亲，甚至（追溯到我们过去）古埃及人的父亲、苏美尔人的父亲、尼安德特人的父亲，他们都会说："这是我的孩子，我会照顾他。"[8]

父亲作为守护者，尽管看似镜花水月，实则无比亲切。在父亲的守护下，母子在情感和身体层面上乃得安稳，如此母亲就能腾出精力来，直接专注于孩子的即时需求。父亲如果能帮助母亲抵御那些过度的焦虑、强烈的担忧和不必要的外界滋扰，母亲便有能力去帮助她的孩子发展出强大的自我。父亲做得越多，母亲便能做得越多。

通过适时地给妻儿提供一个充满滋养的"抱持性环境"（holding environment），父亲可以帮助婴儿发展出对母亲的安全依恋。这种持续性的父性抱持，可以促使依赖性极强的婴儿从母亲那里要到他现阶段最需要的东西——母亲与婴儿最初的情感同步。[9] 可以在更多其他方面帮助孩子之前，父亲作为守护者，现在要做的是把母亲解放出来，让母亲能够把自己的全身心投注给孩子。在临近生产和孩子出生后的几周内，父亲的抱持能促发母亲的"原初母爱灌注"（primary maternal preoccupation），这是母亲照料新生儿所需的最佳状态，也是婴儿自我得以建立的基础。[10]

　　我们发现：随着"足够好的"父亲的持续参与和奉献，他最初的守护功能也会随着父亲一生当中功能表现形式的转变，得以继续演化和发展。所以，当一个父亲有能力照看、抱持和保护其妻儿时，那么等到时机成熟，他就可以保护并鼓励学步期儿童开启与母亲的分离－个体化过程，我将在后面一章对此做出讨论。

　　与此相似的是，多年以后，对于孩子在青春期尝试各种身份认同，以及随之而来的对家庭依恋关系的逃离，一个父亲还需要对这些表现出有条件的悦纳与支持。在目前这个阶段，他需要做的是：开启母亲和新生宝贝之间的情感关系，任其自然而然地发展。以至于将来，因为孩子充分内化了自己的父亲，所以即使孩子步入了中老年，那种被守护的内在体验依然会生机盎然地存在于心中。

　　然而，父亲在孩子生命的最早期如果不能提供足够的守护和参与，那么在后期他的父性功能很可能也会打折扣，即使他后来还是有足够多的机会补偿。所以一个父亲要在孩子生命最早期提供足够多的保护，这是他无法推卸的责任，而且这也具备广泛的社会学和心理学意义。有证据表明，父亲在儿童发展的最早期阶段若参与度严重不够，那么将导致该儿童在接下来的童年期和成年期更容易发生乱伦行为、性虐待行为、遗弃儿童行为，而且这个孩子本人也将更容易变成一个不参与或者无效的父亲，并会一直体验到"父亲饥渴"。[11]

　　这里要说一个例子：萨拉是一个中年女性，她已经来到了一段很长的精神分析治疗的后期。在我们的工作中，她有了重要的进展，并且与自己早年遭受过的一个严重创伤，甚至一直以来与之相随的心魔获得了和解——她曾遭受过一个亲戚的虐待，但当时父亲完全无法给她足够多的保护，以至于她因此产生了严重的心理创伤。在一次会谈过程中，她说自己会对丈夫"毫无缘由"地火冒三丈。她发现每次她为"生活如此艰辛，而恶魔尚在人间"而感到愤恨时，一种针对丈夫的、看似无理取闹的愤怒就会油然而生。

紧接着，萨拉描述了一件发生在本周早些时候令她感到非常不安的事情。她买了一件黑色的"拉斯维加斯突袭者"橄榄球队的外套送给正在上一年级的儿子。儿子非常开心，萨拉因此也很开心。但傍晚的时候，她的丈夫回来告诉他们，洛杉矶有个黑帮穿上了这个橄榄球队的外套，而且在使用这个队的队徽，所以儿子出去穿这件外套会不安全。她愤慨地说："你能想象这是一个多么糟糕的世界吗？一个小孩子竟然会因为穿某种颜色的衣服而被枪杀！"她哭着说，她儿子的"纯真和信任"根本无法得到保护。

随着联想的展开，她很明显地责怪丈夫没有看到这个世界的危险性，它危险到不允许儿子穿上带有他喜欢球队队徽的衣服。她斥责丈夫不够强大，没有挣到足够的钱。"为什么他不能掌控好一切？为什么他总是拎不清？"她质疑道，"这样我们就能去住我们想住的地方，让我们的孩子上私立学校，就不用再担心厄运会降临到我们身上！"谈到后来，她又含着泪承认：其实她丈夫是一个很好的、很有爱心的父亲。

在很短的时间内，萨拉便能看到自己对丈夫是多么愤怒，正如她对我的愤怒一样："为什么你不能让我感到足够的安全、安心，不能让我感到自己是被守护着的？"当我们把她所有的愿望具象化时，她开始走得更深：其实她一直都在渴望一个能给予她守护的父亲。她意识到自己正在把童年的渴望转嫁到丈夫和作为分析师的我身上，我们中的任何一个都能成为她痛苦失望、恐惧和愤怒的对象。这种针对男人的报复性愤怒始终在潜意识地运作，这导致她因没能获得父亲保护而遭受的童年挫折体验，一次又一次地在今时今日被唤起，让她一而再再而三地感到自己是如此孤独，而这个世界又是如此危险。

父亲要有男子气概，也要甘于"坐汽车后座"

有些像萨拉父亲一样的男性，因为严重缺席而对孩子的生活造成了重大影响。另外一些父亲，虽然并未缺席，却始终反复纠结于自己的"幕后角色"，心不甘情不愿。这些男人，需要学会如何积极有效地运用自己的男性特质，这可以帮助他们最终成为好父亲。

当一个男人，发现自己只是夹在母亲和孩子这个自动生成的共生体之间，看着他们自给自足，且相互满足的样子，而自己不得不被挤到家庭车的"后座"上的时候，他会错误地把这种情形体验为被动。就好像他只要做好支持和保护母子联结的小配角就好，而这种配角身份，与他渴望的以自我为中心的"主角光环"——掌控方向、驾驭一切的"真男人"形象实在是冲突太大了。

这种冲突会使他为了维护自己以自恋为基础的、以主动控制和征服为代表的"大男人"形象，一气之下否定母子对他的各种现实需求。在这种情况下，这个男人可能会抑郁，还有很多时候会出轨，遗弃家庭，过度沉浸于工作，或者患上父亲版的产后抑郁，从而无法充当一个守护者角色。他会时常感到自己的男子气概无法伸展，做配角会让他感到内疚和羞愧难当——一个关于"失败父亲"的剧情，似乎要难以避免地上演。

然而在理想情况下，一个父亲是能够认清自己的守护者角色的。虽然看上去他是在外围抱持着自己的妻子和孩子，但实际上他是在维护整个家庭系统的积极运作，而且他还为孩子的健康发展做出了直接贡献。他甚至会开始看到：做父亲会让自己获得一个宝贵的机会，来接纳和整合自己先前可望而不可即的一些男性特质，从而让自己的人格变得更加包容、灵活，有统整感，而不否定和压抑自己身上那些"不男人"的部分。一个男人进入孩子的世界，学习如何做一个父亲——为了让自己看见和满足孩子的需要，他需要驯服那些更加以自我为中心的、以攫取为目的的"直男"特质。如此他便可以达到一个自我理解的新高度，这是一个如若不成为父亲便无法企及的高度。

对有些男性来说，这可能是第一次他们的内在世界变得比他们的外在世界更清晰。他们会开始觉得，关系和亲密与成功和表现同样重要。然而，这种体悟常常来之不易。一直以来，男人被训练成"实干家"（doers）去面对和解决问题——他们喜欢感觉到自己是有用、积极且有创造力的。然而，就新手父亲而言，他们发现母婴关系自为一体，而自己常常处在"搭把手"的配角位置上。他们不需要化解燃眉之急或处理什么紧急大事，却需要持续地待在一个在他们看来相对被动的位置：作为一个警觉的守护者，保护和支持着母子联结。

鉴于此，父亲需要明白一个道理：自己并不是孤立地在母子关系之外。他在面对的，是一种全新的三角关系，这种新型关系真的需要他的适应，还有他的保护。

这是一个静待花开的阶段。新手父亲在这个阶段会意识到男子气概并不是一味地坚毅不屈、独孤求败，而是与人为善、和而不同。他们会逐渐了解到，在竞争性（征服、激进、成功、富有创造力）和父性（爱人、呵护）之间，他们其实并不需要二选一，两者完全可以共存，甚至互为补充。

在我曾经带领过的父亲团体中，有一位退役的明星运动员。他在足球场上的所有动力来源于激烈的竞争与角逐。对于他而言，赢得比赛是唯一重要的事情。而现在的他，在这个父亲团体里开始描述自己作为新生儿父亲的体验：

"我看到他们（他的妻子和孩子）嬉戏打闹，尽管眼巴巴地看着并不容易，但我知道我不会破坏他们正在享受的东西。虽然我想加入进去做点什么……比如把我女儿举高或者给她挠痒，但我很高兴我并没有这么做。而就在那天晚上，我感觉到自己是'成熟稳重'的，而不是'轻佻浮躁'的，我感到自己从来没有这么像个男人过，即使是在橄榄球场上踢人家屁股也没有这样的感觉。"

因此，退居幕后并不能阻止一个父亲体验到新的愉悦。一封来自瑞奇的信很好地证明了这一点。瑞奇是一个新手父亲，他同时也是我以前的病人。他在儿子班吉降生之后，如此描述自己初为人父的体验：

"看到这个小人儿蜷在我身边酣睡的时候，我无法想象我是如此喜悦。我深情地凝视着他，把我的脸贴着他的脸，亲吻他。不管我感到自己的生命多么混乱，班吉都像通往更高维度的门，在那里，整个世界都变得无关紧要。我看着他，我不想移开我的目光，我的胸口在颤动。"

瑞奇的体验并不少见，父亲饱含着如此丰沛的情感，这会使他们与新生儿之间更加亲密。一个新生儿父亲拥有这种"升级"体验，会让他甘于待在警觉的守护者和情感的共鸣者的位置上，而这两者都是孩子成长的促发性要素。

除了做一个守护者，父亲也有另一个"外在"角色，那就是"情绪教练"——他可以很快回应孩子的情感需求。事实上，就像我在第 1 章中提到的，精神分析发展心理学家特雷莎·贝内德克（Teresa Benedek）认为，父性有心理生物学的基础。她认为"本真的父爱"是一种本能，它通过父亲与孩子的早期互动释放出来，它使一个父亲能够以即时的共情来回应孩子。[12] 如果这个说法切实，那就意味着父亲——作为维系孩子情绪平衡与和谐的稳定性力量，其重要性非比寻常。

除了直接回应以外，一个父亲通过看重妻子的情感需求，也就间接地充当了孩子的情绪教练。他需要帮妻子分担那些让她分神的事情，以便让妻子能够完整地沉浸在母婴关系中。这样，妻子就能展现她为人母的惊人能力：认同自己的宝宝，而且对宝宝的基本需求保持极强的敏感性。这种独一无二的母性全神贯注和全力付出，在宝宝生命的早期是非常重要的，它在婴儿的发展过程中扮演着关键的角色。

正因为丈夫的积极保护，妈妈的奉献和全神贯注才可以得到最好的发展。如果每对父母都能这么做，那么孩子就能在之后的生命历程中获得英国发展心理学家约翰·鲍尔比（John Bowlby）所说的"安全基地"。[13] 根据鲍尔比的说法，安全基地就像一座"炼丹神炉"，一个情绪稳定的人在里面炼化成长并终身受益。一个拥有安全基地的孩子，当他去更广阔的世界冒险时，会拥有一种"只要需要，我随时都可以回家，并且受到欢迎"的踏实感。

很明显，父亲退后一步，允许妻子与孩子之间分享他们之间的特殊联结（在一定程度上也要感谢他在妻子怀孕期间发展出来的，且仍在继续拓展的无私品质），在某种意义上，就已经为孩子将来的健康发展"搭好了舞台"。

尽管如此，这可能还不够，因为孩子的健康发展也有赖于父母两人之间关系的质量。很多妈妈全情投入在与孩子的共生里，历经着人生的跌宕起伏。此时，一个父亲如果能频频呼唤他的妻子回归到夫妻生活中来，妻子就会学着重新分配自己身上的母亲和妻子角色的比重。如此这般父亲就既保护了妻子与孩子的纽带联结，同时也保护了成年人婚姻里的性爱与亲密。

一个丈夫，要通过敏感而坚定的努力，再次唤回与妻子之间停滞已久的性爱，他要用他的男性魅力增强与妻子之间的联结。对一个男人来说，做一个温暖抱持的父亲和一个令人兴奋的爱人，都可以给其妻儿带来重要的安定感。[14] 夫妻间的亲密关系把父母重新组合在一起，也让孩子在与母亲、父亲，以及与作为一个整体的父母亲关系中，感到足够安全。[15]

父与子

在此之前，我们一直在谈论父亲对孩子（无论儿子还是女儿）的影响。而这本书实际上是在讨论父亲与儿子之间的关系，随着内容的深入，我将更侧重父子这一特殊的亲子联结。我要在此简单介绍的是：随着时光流逝，孩子逐渐长大，我们会发现不同性别的孩子与父亲之间的关系也会逐渐变得不同。通过对他年幼儿子的看护与互动，一位父亲会体验到与儿子之间有着一股深深的联结，这是因为他们有着相同的生物基础——男性性别。

　　比起女儿，父亲天生更认同儿子，他更能觉察到在儿子身上萌生的、作为一个男性所拥有的分离和自主需要。这也就意味着，作为一个男人，父亲对儿子的需要有着一种直觉性的理解：儿子需要从与母亲的关系中分离出来，去探索更广阔的世界。父亲知道，对于一个男孩而言，与母亲分化是其"男性自我"得以构建的基础。基于父亲的这个理解，儿子能够在成长过程中逐渐把自己看成是一个独立于父母存在的个体。换句话说，儿子的自主性，源自父亲对这种男性自主的信任和共情性支持。这个现象亦表明了父子联结之深度：即使在儿子生命的早期，父子间的联结也是真实而深刻的，这种联结可以使儿子欣赏自己身上逐渐成长的自我，尤其是他的男性自我，而且也能使他悦纳将来与父母之间产生的任何不同。

　　然而，在初为人父阶段，对于很多父亲来说，要与他们的儿子之间建立联结并非那么容易，因为他们首先要缓和自己身上的一些内在冲突。比如对于里奇这个"工作狂"父亲来说，拥有一个孩子就令他充满了矛盾。在儿子丹尼尔出生以后，里奇明显开始变得沮丧不安。于是他开始经常出差，参加其他活动，逐渐远离他的家庭。尽管宣称"一直想要个儿子"，但里奇其实一直都在努力压抑着自己内心对于为人父的矛盾情绪。毫无意外，作为"一个男人"，他对此感到很糟糕。正如他自己所说的那样，事情越来越糟，是因为他的妻子南希要不就是精疲力竭，要不就是"永远在忙孩子"。南希的"奉献"都给了丹尼尔，"对我完全没有兴趣"——对此他深怀不满。

　　里奇的治疗进入第二年，此时他的儿子已经八个月大了。里奇的妻子对于他的持续缺席和不作为感到越来越愤怒，同样，里奇也对自己从家庭生活中退场感到羞愧。他意识到自己在重复他父亲的模式。"他把我完全交给了我的疯子母亲，一个从不间断地对我指指戳戳的女人。感谢上帝，南希没有那么疯狂，"他接着说，"但我仍然不能忍受，她给了丹尼尔那么多的爱，与此同时我自己却压根儿感受不到爱，也没有丝毫价值感。"

当我们继续探索里奇充满羞愧的退缩行为时，他才意识到：原来自己把妻子南希潜意识地当成了自己的母亲，而且还是一个幻想出来的完美母亲，但是他自己，却抛弃了那个作为伴侣和爱人的南希。在治疗中我们发现，在自己的父亲放弃对孩子和家庭的守护以后，里奇不断地重复体验着一个小男孩的孤独与无助。在他的成长过程中既没有内化地作为守护者的父亲，也没有理想的母亲在场，所以里奇无法耐受这样的孤独。于是今时今日，他只能把妻子当作自己理想化的母亲，牢牢抓住她不放。只有当他反复体验到一个幻想出来的、能够完全满足自己的、一点都不分心的"母亲"时，他才能感到自己是"完整的"，只有这样才能恢复他内心那个"失去的天堂"。

在分析中我们发现：里奇幻想要妻子完全属于自己，他把这和自己的男子气概以及自尊紧紧联系在一起。也就是说，他把妻子视为重回他梦寐以求的幸福的源泉。但最终里奇在分析中逐渐能够识别、揭示和耐受自己的羞耻感，以及被妻子抛弃的感觉，并且开始明白这些体验都和他童年时代夸大的"性器崇拜"（phallic）有关。随着分析的进行，里奇从丹尼尔和南希那里逃离的需要越来越少，他也不再把儿子丹尼尔视为一个异己的存在，而是一个需要在父亲的保护与参与下，慢慢成长的自己的一部分。

里奇意识到，他的儿子非常需要一个能够为自己和母亲遮风挡雨的父亲，而他的妻子也非常需要一个能够在情感上积极参与，在性爱上有温情也有意愿的丈夫。他也意识到在生命的头几年里，丹尼尔将会非常需要他，而他现在也能真心感激妻子——对他俩共同的孩子付出了全心全意的爱。最终，他回归到了妻子的爱人和儿子的父亲这两个宝贵的角色中来。

观察儿子并与之互动，一个父亲由此能感到和儿子之间深深的联结，这是一种男性之间共享的生物学特点——它无法与女儿共享。这也是父亲的优势：他能识别儿子身上重要的独立性，也能促发其自主性。

即使这样，接受儿子身上不同于自己的特点，并不是一件容易的事。举个例子，哈罗德 35 岁，是一名肌肉发达的前职业运动员。在他的妻子费利西亚重新回到麻醉师的工作岗位后，现在由他来负责照顾两人1岁多的儿子达利斯。作为一个骄傲的男人，哈罗德非常痛苦于自己的角色转换，尤其是作为一个自由执业的体育教练挣不到太多钱，而妻子在她的领域里不但收入可观而且还声名在外。更糟糕的是，18个月大的达利斯既不会说话，也不会对简单的指令做出回应。哈罗德尝试用坚定的规则去"规范"儿子，却使得达利斯更加急躁。不管哈罗德怎么做，他似乎都不能和儿子建立良好的联结，也没办法安抚他。

等到两岁的时候，达利斯表现得对同龄小孩没有兴趣，而且他还是没有开口说话，这让父母非常担心。因为察觉到了问题的严重性，达利斯的儿科医生遂推荐夫妇俩带孩子去看一下专科医生。结果诊断一下来，达利斯被确诊为孤独症谱系障碍（autistic spectrum disorder）。

这个消息对哈罗德来说几乎是毁灭性的，他因此变得十分抑郁。他不能理解为什么儿子不能说话，不能像其他正常孩子一样听和回应"简单明了的规则"。之前妻子的成功对他自己的男性形象已然造成打击，同时他还要适应一个职业运动员的退役生涯，这使得他很难安心陪在达利斯身边。

但他没得选择，妻子、儿子比任何时候都更需要他。他们需要哈罗德放下一些他之前如信仰般珍视的男子气概，只为满足儿子的需要。幸运的是，哈罗德有一个特别值得自己骄傲的品质：他是一个"对任何人、任何事，都永不言弃"的人。他发誓要守护自己的儿子，他做到了。在每一次语言障碍矫正治疗中，他都会学习如何与达利斯沟通，尽管达利斯并不会对哈罗德习以为常的人际互动线索进行回应，但他仍鼓励儿子参与捉迷藏和拍手游戏，正是这些游戏最终帮达利斯学会了使用语言。尽管深受局限，小达利斯还是很好地回应着父亲与日俱增的温柔与耐心。在短短几个月内，这个孩子获得了连专家们都不曾预料到的进步。

按照达利斯的语言矫正治疗师的说法，尤其值得一提的是哈罗德本人的转变。治疗师说："我第一次见到哈罗德的时候，简直没法跟他沟通，他大男子主义，极度自制，完全不听从建议。他表现得就像已经准确地知道了达利斯的所有需要一样。但经过这一年我们共同的努力，他真的改变了，他变成了一个自学成才的语言教练。我现在看到的，是一个敏感而温柔的父亲，正在帮助小达利斯的生命绽放。所以现在，我认为哈罗德是我遇到过的最好的父亲之一。"

正如哈罗德自己所言，他意识到成为一个真正的男人其实有很多途径，取得人生的奖杯也有很多途径。"你不会永远都是最强、最刚、最克制的那个，"他说，"有些时候你需要找到另一种方式去获得自己想要的。"随着小达利斯的回应越来越强，他父亲对世界的回应也越来越好。两人在彼此地教授对方，两人要学的东西还有很多。

成为一个参与度高的父亲，其好处（对父亲和儿子来说都是好处）是毋庸置疑的。父亲若持续性地、积极地参与到儿子的生命中去，他们会欣慰地发现，这是对自己，也是对孩子的未来做出的一笔最重要的投资。终有一天，他们的男孩会长大成人，而当他们成为父亲或者祖父的时候，他们内心深处那个曾被爸爸守望、保护、供养过的自己依然会在那里，充满活力。

那些能够守望、抱持、保护自己妻儿的男人会发现：自己在漫漫前路中，一直都会被寄望于承担这些角色。在每一个新的发展阶段，也都会有新的挑战，那些希望参与到儿子生活中去的男人需要调整他们"守护"的方式，以跟上孩子逐渐成熟的需求，以及他们与孩子间关系的不断变化。

在未来几年里，父亲会成为一个更加重要的存在，而他们对参与儿子生活的意愿会显得尤为关键。正如我在接下来一章将要提及的，父亲的新晋角色，作为"第二他者"，在孩子的生命中扮演着一个不同于母亲的爱的客体。通过父亲这个"第二他者"，小男孩也会开始体验到一种和母亲分化的自我感，这将是他下一个重要的发展里程碑。

第 3 章

学步期

父亲把孩子带往世间

对于代表着这个世界未来的宝宝，母亲应该将其紧紧拥入怀中，如此宝宝才
会知道这是他的世界。而父亲，则须带他去到那最高耸的山岭，如此宝宝才
能看到这世界真实的模样。

——玛雅印第安人俗语[1]

当年幼的宝宝开始度过最早的婴儿期时，父亲就应入场，作为"第二他
者"，通过把世界介绍给孩子，来对其生活施加最初的影响。[2] 父亲，作为一
位充满爱意且高度参与孩子生活的存在，他的卷入方式和母亲是不同的。他
能以一种更舒适的方式，让孩子逐渐体验一种"我和妈妈并非一体"的感受。
这同样也可以让孩子明白，即便妈妈不在场，像爸爸这样的他者也可以为自
己提供慰藉。

识别并肯定孩子的"差异性"（otherness），是一项特别适合父亲的任
务——令人惊讶的是，让他来完成这项任务，可能比女人来得更合适。

父亲帮助创造了这个新的生命，但孩子"属于"他的方式，却与"属于"母亲的方式不同。第一次把孩子抱在自己怀里，参与性强的父亲会对自己说："这个孩子是我，但又不是我。"正因为这种身体上的你 – 我区分从最开始就有，所以父亲通常会更能发现并赞赏孩子作为一个个体的独一无二性。

父亲会用一种独特的方式鼓励年幼的孩子离开自己的小巢。比如，爸爸通常会以一种更为刺激的、有活力的、新奇的且难以被预测的方式来与婴孩玩耍，这种方式和母亲不一样，母亲通常有一套自己的方式与宝宝互动。丹·西格尔（Dan Siegel），一位研究大脑发育的儿童精神病学家的研究表明：宝宝的心智发育，既是各种身体刺激的结果，也是与不同的人进行人际互动尝试的结果。[3] 西格尔的研究发现，母亲的人际能量是向心的（centripetal），它把宝宝引向自己的内在，而父亲的能量是离心的（centrifugal），它让宝宝离开中心，从而趋向外部世界。因此父亲通常会更有挑战性，而母亲通常会更有抚慰性——总而言之，母亲用的是"调节自己以适应宝宝的互动方式"，而父亲则会唤起并改变孩子的状态，让孩子来适应自己。如果说母亲用的是"立"，那么父亲用的就是"破"（disruptive）的方式与自己的孩子互动。[4]

小孩子需要成长到一定阶段，才会注意到他们的父亲，以及父亲所代表的挑战性。一旦他们的成长到了这个阶段，而父亲又参与着他们的生活，那么小男孩绝对能嗅到父亲身上冒险的味道，因为在这个阶段，小男孩自己的探索意识也已成形，让我们来看看下面这个例子。

我记得自己曾去观察一对年轻的新婚夫妇和他们 2 岁的孩子伊恩，他们那天带着伊恩去逛社区公园。在公园里，我看见妈妈伊芙铺开了一条毯子，把伊恩最喜欢的书摆在毯子上准备念给他听，而爸爸汤姆呢，则开始在公园里慢跑。妈妈念书给他听的时候，小伊恩看上去很满足。

但是突然间，当伊恩看到爸爸朝着自己方向跑近的时候，他便开始不安分。当汤姆跑到毯子旁的时候，伊恩简直控制不住自己了。"爸爸，要玩！"他喊道。然后呢，父子俩便一同朝着秋千跑去。汤姆开始推秋千，"高点儿！"伊恩喊道，"再高点儿！"那种纯粹的快乐让伊恩不断回头催促着爸爸。

伊芙坐在毯子上，看着自己的老公和儿子。我想象她正思忖着就在刚才，伊恩还那么甜蜜那么平静地跟自己坐在一起阅读，而现在……突然，伊芙发现汤姆和伊恩正朝着单杠走去，看到这里，她一蹦就起来了，还大声喊道："他还不能玩单杠！他还没有准备好呢！"伊芙害怕而焦急地朝着单杠跑去。"他可以的，不要担心。"汤姆回答道。伊芙先是犹豫了一下，然后笑了，再然后，她坐到了邻近的一条板凳上以便让自己放松，顺便为自己欣赏这对父子一起耍宝找个好视角。

小男孩和父亲之间这种充满活力的新型关系，虽说在其成长过程中出现得比较突然，但是其基本形态，在全世界各种文化的神话故事中却都能找到原型。例如，在一个印第安传说中有着这样的描述。一位母亲把自己的孩子快乐地搂在怀里说："我会抚慰你。"而父亲呢，则把孩子带往山顶，热切地宣称："这就是世界，我会把它呈现给你！"在古希腊，作为众神之王的宙斯，被描绘成"天上的父亲"，他端坐在奥林匹斯山上的天界实行着自己的统治。他霹雳在手，守护着世间的律法和秩序，维护着人间的父权和王权。

诚然，在今日快速变化的社会大气候中，越来越多的母亲会更积极地把世界展现给孩子，而父亲则承担主要养育者的角色。母性和养育，成就导向和向外追寻，这些传统的男女特质很自然地超越了性别的限制。但是，在这本书中，我会用一种以文化为基础的、更为传统的，甚至更具原型色彩的（archetypal）模式来探讨母亲和父亲——母亲（或其替代者）扮演着孩子与其内在、情感世界之间的桥梁角色，而父亲，则充当着孩子与外在、物理世界之间的连接者。

父亲，要把儿子带入一个更宽广的世界

父亲在孩子生命中最早所尽的职能，是帮助自己的儿女艰难地与他们的母亲进行分化。为了能够理解这个现象，我们需要先来看看快速成长的学步期儿童（toddler）本身：他们看到的世界，实际上如同一张刚洗过的照片，这是一个正在逐渐变得清晰的世界。到目前为止，唯一能够被清晰地分辨出来的客体就是：母亲。我们知道，对学步期儿童而言，母亲的身心此时总是和孩子融合在一起，外人几乎区分不了这个阶段母子间的明确边界。而父亲呢，此时在孩子的世界中，似乎也只是一个站在母亲身旁的、似有似无的朦胧形象。但是，从生命的第二年开始，父亲的形象会从模糊逐渐变得清晰，幼儿会开始意识到在这张照片里除了母亲以外，还有其他人存在。当孩子的发展到达这个阶段的时候，父亲就需要走出之前的重重迷雾。此时他要做好准备，从而承担起孩子生命中重要的"第二他者"的角色。

宝宝是欢迎这个"新"家长出现在自己的世界里的。从 18 个月到 2 岁这个阶段，孩子的身体、情绪以及人际意识都会以让人目不暇接的速度成长。这种身心成长会对他们的生活产生非常明显的影响。比如，在这个阶段到来以前，宝宝本可以心满意足地坐在母亲身边，但现在，他们坐着坐着就会躁动，你可以感觉到那份躁动，其激烈程度就像即将破壳而出的小鸡，对着困住自己的蛋壳不断发起攻击。先前和母亲构建的那个温暖的共生的壳，现在开始变得让人无比烦躁。而先前那种排他性的母子或母女关系，现在也变得让人有点窒息。宝宝现在已经做好准备来迎接更多的外界刺激了！这些刺激，很快将会改变他们的思维、情绪、知觉，以及行为。

在某些情况下，父亲会通过哄骗、诱惑甚至直接"推一把"的方式来将孩子带出母亲的温柔乡。男人嘛，通常特别适合帮孩子来完成这个发展任务，因为父子关系和母子关系不同，父亲和孩子之间并没有那么强烈的"身心混同"（psychobiological intermingling）关系。这种身心联结在母子之间却

极为常见，它是母亲通过十月怀胎，以及产后的母乳亲喂等行为和孩子建立的共生关系。

当然，无论身体发展得再怎么成熟，又或者外界刺激再怎么诱惑，在这个阶段，很多宝宝对于离开妈妈既安全又有慰藉作用的温柔乡依然是不情愿的。我们不得不指出，没有父亲及其替代者的持续性鼓励，很多孩子可能一辈子都无法完全走出母亲的怀抱。然而，对那些父亲参与度很高的孩子而言，他们会更容易发现：持续待在母子共生关系中——这既非自己唯一，也不会是最满意的选择。

到了某个节点，所有的宝宝都会开始注意到自己的父亲，由此他们也会用一种全新的方式来感知这个世界。这对男孩而言尤为重要，因为他们不仅要在情绪上与母亲分离，而且会越来越注意到自己和母亲在身体构造上的不同。小男孩当然希望自己和父母亲的身体都是相同的，但他会逐渐地意识到男女之间生殖器的差异以及性别差异，他会发现自己的身体其实和妈妈不一样，但和爸爸却是相似的。

然而，意识到自己在很多方面和妈妈不同，对在这个发展阶段的小男孩而言却可能是一件令他感到恐惧的事情：要知道尽管一直在成长和变化，女孩却可以用自己和母亲的身体相似来安慰自己，但是男孩却无法获得这种安慰。当身体和性别差异性这个问题袭来的时候，很多男孩可能都无法单独面对。这时候，一个能缓冲儿子所受冲击的、积极在场的父亲（或他的替代者），真的是不可或缺的。

父亲要积极且亲密地参与儿子的生活，帮助儿子安全地体认"男女性别有差异"这一事实。通过这种参与，父亲实际上为儿子竖起一面镜子，让儿子可以通过这面镜子看到他自己。

因为要认同父亲的男性角色，所以男孩才会探索自己天生蕴藏的男子气概。只有在男孩感到足够安全以后，他们才会准备好承认正在自己身上发生的"男性化转变"，而且只有通过与父亲之间的联结，小男孩才会开始把这些改变整合到自己的生活中去。

小男孩在此以后很快就会开始迷恋自己的父亲——把他视作重要的"第二他者"——而且会尝试用各种方式模仿他。比如，在生命的第二年或第三年，当男孩停用尿不湿开始学习用抽水马桶的时候，他对于如厕行为的学习，其实是需要靠父亲来做示范的。于是你总是会发现，小男孩和爸爸一起站在马桶前，有模有样地学着爸爸，希望也能在便池里尿出泡泡……又或者，他会在刮胡子的爸爸身旁驻足观察。

更重要的是，在儿子和母亲分离的过渡阶段，高度参与的父亲可以帮助儿子更好地应对这个阶段的各种不确定性，以及因过渡而生的痛苦和矛盾感受。实际上，一个参与度高的父亲需要传递出这样一种信息：儿子，我明白你现在对妈妈有很多困惑的感受，但你无须害怕这些情绪。一个父亲要帮助儿子意识到：即使他和母亲暂时分开，他仍然可以爱她、珍视她。

儿子的"个体化过程"（individuation process）需要父亲的付出。其中很重要的一点便是父亲要帮助儿子理解：当我们为了更多地成为我们自己，而与某些人分开的时候，那些人并不会因此永远地消失或者死去。

对学步期儿童而言，这是一个极重要的认知发展里程碑，获得了这种意识的男孩会发现，在妈妈离开的时候他可以跟她说再见，而在她回来后自己仍可以满心欢喜地欢迎她。而且男孩可以确认自己对她的爱，也不会因短暂的分离而减少。除此之外，父亲还应该用经过升华的、有创造力的方式，把儿子的注意力从与母亲的分离之苦中转移到别处去。

但是在这个阶段，父母重建他俩之间基于成人性爱的夫妻关系，对于男孩而言将会是另一层失落。他不仅会意识到自己和妈妈不一样，而且还会察觉到：原来在爸爸妈妈之间，竟然还有着一层他无法参与的排他型关系。换句话说，小男孩会发现他既不能独占妈妈，也不能独占爸爸。对于一个还保有着天生全能感的小男孩而言，他发现自己居然不是父母世界的中心，这将是多大的一个打击啊！

在这之前对一个小男孩而言，被爱等同于和妈妈在一起。父亲参与进来以后，儿子很自然会扩大关于爱和欲望的概念。男孩开始明白，妈妈既爱他又爱爸爸，正如爸爸爱他也爱妈妈一样。如果儿子对父亲有足够的心理认同，那么他就会对自己说："只要我变得越来越独立，妈妈也会爱我的，因为爸爸就是一个被妈妈爱着的、独立的人啊。"这层理解，将会成为一个男孩日后生活的重要安全感基础，这意味着他即使被暂时排除在外，也仍旧可以体验到自己是被爱着的。同样地，父亲也要帮儿子维持那种他仍旧被母亲深爱的体验，即使是在他对母亲有愤怒，甚至是在恨她的时候。

举例说明，我近来开始观察 3 岁的孩子罗杰，有一次我看到小罗杰爬上沙发开始喝自己的巧克力牛奶，但把牛奶倒得满沙发都是。这时他的妈妈艾琳生气地喊道："不是跟你说过了不要把牛奶倒在沙发上吗？"小罗杰对自己的行为是有悔意的，但是呢，让他感到尤其不安的是妈妈的反应。正如他稍后跟爸爸表达的那样，他当时感到妈妈"看上去就像个巫婆"。于是小罗杰躲开妈妈，拒绝跟她说话，气鼓鼓地坐着，等爸爸克劳德从商店回来。接着，当克劳德刚踏进家门的那一刹那，小罗杰就当着爸爸的面哭了："妈咪对我好凶的！我恨妈妈。爸爸你就好多了，你从来不对我这么凶！"

小罗杰是幸运的，无论是妈妈艾琳还是爸爸克劳德都明白，他们的儿子在现在这个发展阶段，不得不"分裂"自己的情感，也就是说当他把妈妈视为"坏"家长的时候，那么爸爸就必须要成为那个"好"的。面对这样的局面，克劳德需要做的，是在倾听和理解儿子的焦虑的同时，支持自己的妻子。于是他开始向儿子解释道："妈妈是生你气了，这是因为你没有遵守不在沙发上喝牛奶的规矩。但是呢，妈妈非常爱你，她和爸爸一样，只是想帮助你学习做事的规矩。"在小罗杰明白尽管自己犯了错，但妈妈依然还是喜欢自己的时候，他停止了哭泣。在这里同样重要的一点是，因为罗杰发现他无法通过"拆散"爸妈的方法让他俩彼此作对，所以他对父母之间关系的强度，其实是感到安心的。

能够经受住"从宇宙的中心转化为众多星球中的一颗"这段心理发展磨炼的男孩，将会获得一种全新的感受，那就是即便被父母之间的二元关系暂时排除在外，他也依然可以感到自己是被他们爱着的。就在几个月之前，孩子刚刚获得了心理学家们所说的"客体永久性"（object permanence），也就是知晓"一个人或者物体即使暂时从自己的视线中消失，也不会不存在"的认知能力。而现在呢，小男孩们将会获得"客体恒常性"（object constancy），这是一种"即使爸爸妈妈生我气，或者不在我身边的时候，他们依然会爱着我"的感受。[5]

对男孩而言，这是一个极重要的情绪发展里程碑。同样地，客体恒常性也标志着一个重要的认知飞跃，它表明小罗杰正在学习更为抽象的思维方式。这又是怎么一回事呢？为了理解这个观点，让我们把刚才的小罗杰倒牛奶事件，放在心理学的显微镜下再来检视一遍。小罗杰的最初反应是情绪性的：既然妈妈对他生气了，那么他便担心妈妈会恨自己。这是一种自动化而且有点原始的反应。小罗杰不需要动用自己思维，就能做出这种情绪性反应。我们所有人都会对别人的面部表情或说话语气做出类似的情绪性反应。

然而事实情况是，艾琳并不恨自己的儿子。不过此时此刻，她感到生气和不安，所以没有办法向儿子解释自己情绪的复杂性。那么此时爸爸的出场时间就到了。因为处在冲突之外，所以爸爸有能力向小罗杰做出这样的解释："我知道对你而言，妈妈看上去好像在恨你，但她其实并不恨你，她只是对你倒牛奶这个行为感到心烦。"

通过承认小罗杰想法的合理性，爸爸的解释不但确认并合理化了小罗杰的感受，而且还通过帮他理解妈妈的内心体验拓宽了小罗杰的思维，让他明白妈妈当时的内心体验其实和他刚才的自动化感受（reflexively assumes）有所不同。通过澄清和解释妻子艾琳的反应，克劳德可以让儿子感到，自己的情绪是被爸爸感受到的，而且不会因此受到指责，这相当于把小罗杰从他的情绪中解放了出来，从而使他可用一种新的角度来思考现在的情况。因为没有感到受到威胁和责备，所以小罗杰现在可以仔细考量父亲所说的话。在这个过程中，爸爸其实就是在示范——用言语来帮助孩子调节自己的情绪。

通过这些互动过程，小罗杰的心智，从一个只能对外界刺激做出自动化反应的发展阶段，来到了一个可以思考正在自己身上发生的事情的阶段，甚至最终参透别人内在体验的阶段。这是认知发展上的一个巨大进步，这种进步以后还会发生很多次。我们在这里需要着重指出的是：父亲作为一个关键性的人物，会鼓励孩子发展出概念性思维和抽象思维；同时也会帮孩子调控和引导自己的攻击性和性欲冲动，帮他们处理以愤怒、妒忌、恐惧为代表的各种破坏性情绪。

有趣的是，这种父子之间的互动，其成败的关键实际上很大程度掌握在妈妈手中。作为家庭三角中的一极，她要明白、接纳、认可甚至欣赏老公作为三角形中另一极，即作为孩子生命中重要的"第二他者"的地位。在小罗杰的例子当中，我们会看到，艾琳是允许老公向儿子解释和说明她自己的情绪的。所以归根结底，如果妈妈支持爸爸，那么她就会帮孩子更清晰地看到爸爸在家庭中的重要性。

因此，要帮助儿子顺利地度过这个分化的转折期，父亲的作用绝不可小觑。他一方面把儿子引向更宽广的外在世界，另一方面还把老婆从一个纯粹的妈妈变回自己的妻子。总之他的存在，既保护了自己的妻子，又保护了自己的儿子，防止他俩在共生的温柔乡里徘徊太长太久。所以，我们说爸爸直接促进了所谓的"分离 - 个体化过程"（seperation-individuation process），要知道这个过程对一个男孩的长远发展而言是极其重要的。如果爸爸在这个极重要的发展阶段不在场，那么一个男孩可能这辈子都要承受其缺席的恶果。

菲尔的情况就是如此。虽然他是一名成功的律师，但是情感生活却贫乏不堪。年近六十的他离过三次婚，和唯一的妹妹形同陌路，除了偶尔和自己的一个已经成年的孩子去体育馆看看比赛，他几乎是活在一种与世隔绝的状态中。更糟糕的是，在过去的十年里他还做出了一系列不受自己控制的解离行为（disassociated actions），这导致他面临刑事起诉，还切断了他在职场以及个人生活中大部分的人际关系。

通过精神分析，我们发现菲尔的内心世界，用他自己的话说就是被一个"冷血的上帝"统治着。这个被假想出来的无所不在的"上帝"负责消灭菲尔身上仅存的人性，把菲尔身上属于人的情绪和冲突视为"魔鬼"。我们知道，这个极度缺乏同情心的、一刀切的上帝，实际上是菲尔在小男孩时代为了在内心中给自己填补缺失的父亲形象，而被错误地创造出来的，现如今它却让菲尔陷入困境。

这种情况并不少见：如果没有一个在场的、参与到孩子生活中来的父亲（及其替代者）帮助男孩形塑一个仁慈且现实可行的自我理想，那么这个小男孩就会用自己不成熟的心智，配上极端的道德感，以此为基础造出一个异常严厉的超我。因此，菲尔把自己的内在父亲形象说成是"一旦我的思想触犯《十戒》，就随时准备从灌木丛中跳出来，把我给宰了献给上帝的摩西和亚伯拉罕"。所以我们看到菲尔的内心充斥着过量的被害焦虑、绝望和负罪感。他也经常梦到一些理想化的人物，因为某些莫须有的罪名堂而皇之地把他杀掉。

我们在重构菲尔成长史的过程中了解到：他的父亲作为一个贫困的东欧移民，为了让自己的家庭在美国立足而忙得几乎不能回家，而且他也无法把自己的小儿子菲尔视作一个独立于自己的"他人"。于是在菲尔的童年时代，和父亲的缺席同时发生的情况便是：他几乎被扔在了一个纯女性的世界中，这个世界由他的阿姨、奶奶、姐姐，还有那个既有侵入性，又时常抑郁的妈妈构成。在他周围，没有人可以充当安全的客体把他引向外面更广阔的世界。

基于这些原因，菲尔进入外在世界的过程显得异常艰难。出于自我保护，他发展出了一整套狭隘而僵化的观念系统，这些观念规定了他该怎么生活，该怎么评估自己的价值。因为没有父亲作为榜样向他展现出一种更加现实可行、更加宽厚的男性存在方式，菲尔给自己造了一个扭曲夸张的形象来充当自己的男性榜样——此人不允许他的生活有限制，不许他有弱点，不许他有敏感脆弱的时刻。

作为一个男孩，菲尔也没有机会从第三方视角来观察自己和妈妈的关系。他囫囵吞枣地吸收了妈妈的价值观，而且因为太年幼以至于根本没法质疑它们，这使得他无法充分发展出自己作为一个人应有的个性。

父子玩耍：彼此受益

一个父亲，不仅会以第三个家庭成员的身份走进儿子的心，而且在与男孩的身体相似这一点上，父亲是最需要去认同的人——儿子对父亲的"认同"过程，会使他在恰当的成长节点，以一种健康的方式，发展出属于自己的男性身份认同和男性自主意识。

尤为重要的是，老爸可以为儿子提供一个男性化的榜样，而小男生们，则会各用各的方法模仿自己的爸爸。尤其是在生命的第二年和第三年，小男孩会开始变得对爸爸着迷，他们开始学着像爸爸一样站着尿尿，有时会把爸爸的皮带系在自己的小肚肚上，会把爸爸的帽子戴在自己的小脑袋上，而且在学说话的阶段，还会模仿爸爸说话的语调，时不时地装个深沉。

但是这种男性与男性之间的联结，并不仅仅局限在儿子模仿爸爸这一点上。老爸和儿子之间那种更为彪悍的、对抗性的游戏，通常会把兴奋和探索等元素带到儿子的世界中来，会让他们感到原来男性和男性之间不只是某些身体特征相似而已，这个男性的世界其实可以充满着欢乐、自发性和充沛的活力。这就是前面汤姆和伊恩的例子中，汤姆在游乐场可以给他儿子带来的东西——一种惊讶、兴奋还有冒险的感觉。通过鼓励儿子尝试新事物（通过看似简单的方法，比如鼓励他们在游乐场里面挑战单杠，鼓励他们在车库里面敲鼓），爸爸可以逐渐帮助孩子分化。"分化"这个词在精神分析学里指的是：孩子逐渐发展为一个与自己的父母不同的、独立自主的个体。爸爸会鼓励儿子离开自己的舒适区出去探索，这就促进了儿子的分化。

男人长大以后，也会很难忘却自己在这个发展阶段与爸爸有关的记忆。我不知道倾听过多少成年男人，几乎是流着泪地忆起自己的父亲：爸爸晚上把他们塞进被子时挠他们痒痒，和他们在客厅的地板上摔跤，在湖里或泳池里游泳的时候扮鲨鱼尾随他们。我的病人爱德华，一个奔四的男人，在回忆起自己三四岁那时爸爸倒在自己床边上伸懒腰，每次念完吓人的鬼怪故事之后都挠他痒痒，或给他一个大大的"晚安亲亲"的时候，笑得那个开心啊……

在我这里，我也记得自己在儿子小的时候和他玩的一个游戏（我和女儿也玩过）。我会蹑手蹑脚地进到他的房间，还会边走边说："我要抓到你了……抓到你了……要抓到了哦！"儿子会变得非常兴奋，他又想玩又有点害怕，还试图从他可怕的老爹那里爬开。每当我慢慢地靠近他，抱起他，挠他痒痒的时候，他就会高兴地尖叫。我们之间的游戏总会以父子俩抱在一起在地毯上打滚结束。在他的青春期，我俩仍然还在玩这个游戏的新版本——每次他带着那种让人不舒服的青少年的不屑拿走车钥匙的时候，我就会打趣地说："你爹我会逮到你……逮到你的哦……"

一旦父子之间建立起了这种特殊的联结，那么他们就会变成一个男生"二人组"。男孩会逐渐明白，作为一个男人意味着什么，会开始接纳自身的男子气概和自己的男性身体。能够和儿子这样厮混在一起的老爸，实际上就是在教儿子享受自己的男性身体，享受无害且没危险的男性间的身体接触。正如精神病学研究者艾伦·肖尔（Allan Schore）在报告里指出的那样，这种父子之间的打打闹闹可以帮助儿子发展出某种必要的心理结构，来控制自己的攻击性，调节自己激烈的情绪表达。[6]

　　然而很多男人没有意识到的是：诚然，他们在帮扶着儿子走过这个发展阶段，但与此同时，他们的儿子也在帮助自己的老爹搞明白，究竟什么才是人写的"男子气概"。我一直记得自己和威廉的一系列谈话。威廉是一个中年得子的富商。和我一起工作的时候，他已身处暮年，追忆着自己与儿子比尔之间的一些重要时刻，他说正是那些时刻改变了他的人生。

　　威廉告诉我，一直以来他都是一门心思想往上爬的那种人，所以即使有了孩子，他也从没想过要改变自己的日常习惯。他吃晚餐的时候待在办公室，一般要晚上七八点钟才到家，那个时候儿子比尔早就睡了，他对此也感到稀松平常。但是在比尔 3 岁的时候，事情发生了改变。"和他玩耍，让我开始觉得有点享受了。"威廉告诉我，"他会跟我一起吃早餐，在我喝咖啡的时候傻乎乎地告诉我些小事儿，什么方糖实际上是辆小汽车，他要开车去旅行，还把自己在厨房餐桌上开车的见闻讲给我听……然后他会拿过我的报纸装成大人的声音读，结果尽说些有的没的故事，搞得我笑得一愣一愣的。"

　　大约也就是在这个阶段，威廉意识到自己在办公室里，还没到傍晚就会变得躁动不安。他满脑子想的都是接下来怎么跟比尔共度晚上的时光，而不是接下来的重要报告该怎么做。他突然变得特别想赶回家和比尔玩。"每天教他一些新东西，每天给他展示一些让他惊讶得说不出话的新鲜玩意儿。"威廉若有所思地回忆道，"要知道我曾经也是这样的啊！也是一个充满着惊奇的男孩。但之前我已失去了那种对事情感到惊异的能力，是比尔把它还给了我。"

　　执业这么多年来，我听过很多像威廉这样的故事——事业有成的商务人士，早已习惯了高档酒店、四星餐厅、看球也是场边位——正是他们重新发现了身为人父的、简单却让人有些意想不到的快乐。之前，这些男人把《圣经·哥林多前书》13：11 的"我作为孩子的时候，说话像孩子，心思像孩子，意念像孩子，既成了人，就把孩子的事丢弃了"刻到了心里。为了在这世间"成功上位"——为了成为商界巨头，为了娶到"可以帮到自己"的女人，为了爬到公司的高层——这些男人会认为自己不得不放下，甚至摒弃他们身上柔软的，如孩童般天真烂漫的特质。你要有狼性，要盯着自己的猎物，要培植自己的野心，要有竞争性，要自信，要对自己的直线思维能力感到自豪。

然而孩子，却不是这般思考的。他们用积木堆高塔的时候，根本不会计较自己花了多长时间；他们愿意听相同的故事，即使一遍又一遍地听；他们不明白为什么每天下午五点钟自己一定要"洗澡澡"……所以一个男人，如果想和自己的孩子建立真正意义上的关系，那么他们就需要意识到：自己得重新发掘、重新获取那部分儿童自我，对，就是他们曾经为了在外面的大世界中获得成功而丢弃掉的自我。为了与自己的孩子在同一个频道，他们需要找到一个后门重新溜回自己的童年，这并不是说要变得幼稚，而是说要学会珍视他们曾经为了追寻成功而抛弃掉的某些特质。如果一个父亲，在孩子这个"神奇"的发展阶段愿意真正地参与进去，那么，他自己曾有的玩耍的心态、好奇心、惊异感、兴奋感，还有冒险精神，全都会复活。

因此，正如爸爸可以帮儿子意识到"我可以在变成一个男生的同时仍然和妈妈在一起"这件事情那样，儿子也可以帮他的老爸找回并享受自己的儿童自我。能够找回自己儿童自我的男人，通常又可以体验到一种新的在世间存在的方式：他们在身体层面上会变得更有亲和力。比如，他们会变得可以向其他人，甚至是其他男人表现出自己的依恋，他们在身体上是亲和的，这是一种不带性欲和竞争欲的亲和，正如小孩子对他们不熟悉的人一样，也会在身体接触上表现出一种单纯和天真。

儿子，也会帮助父亲成为一个更加宽广大气的男人，我们来看看下面这个例子。艾伦是一个聪明勤奋的大学老师，工作之余喜欢通过爬山来放松自己。他有两个儿子，从他们很小的时候开始，艾伦就一直督促和打磨他们，要让他俩在智力和体育两个方面双优。大儿子埃文对于爸爸的关切和高要求回应得很积极：他在小学里一直是个"学霸"，而且还是校篮球队和美式足球队的明星球员。

但是小儿子查理的处境就困难多了。在身体层面上，他是个圆滚滚的小胖子。在学习层面上，他更是在 5 岁就被诊断出了学习障碍。虽然为了取悦老爸，查理还是挣扎着想做一个运动员，但是他的运动技能着实缺乏，于是他顺理成章地丧失了对体育的兴趣，转而去追寻艺术和音乐成就。于是，艾伦开始担心起查理来，他担心自己的小儿子终究无法"成功上位"。"他不聪明，身体素质还不好，在这么一个适者生存、竞争性极强的世界里能有什么出息呢？"艾伦想知道，"他看着自己的哥哥那么优秀，而自己只能坐在哥哥身旁画画，吹单簧管浪费时间，他的自我感觉怎么可能好呢？他将来要怎么养活自己呢？"

后来艾伦跟我做精神分析，我发现自己会尤其留意他的童年成长史：艾伦的爸爸在他很小的时候过世。在爸爸去世后，妈妈一个人把艾伦拉扯大，一直没有再嫁。通过分析，艾伦开始看到了那个童年的自己，是怎样过早地承担起"家里唯一的男人"这个角色的——他不得不在自己准备好以前，就匆忙地长大，而且把这种拔苗助长的结果定义为"真男人"。最终他意识到，自己之所以会这么担心查理，是因为他把自己儿时那种"不够男人"的恐惧投射到了儿子身上。

有了这层理解，艾伦开始逐渐理解：成为男人的路其实可以有很多，做聪明的学者和强壮的运动员并不是仅有的两条。有了这层重要的理解，艾伦修复了和小儿子之间的关系，而这层关系一经修复，艾伦便可向我承认，他认为查理是"一个喜欢画画的好孩子，他将来甚至可能成为一个艺术家……也可能不会。重要的是，我现在看到的人就是他自己，而我也会鼓励他尽全力做自己"。艾伦拓展了自己心中"男人"的概念——他现在也可以更舒坦地表达以前表达不出来的内在更柔软的那一面。实际上，正是小儿子查理潜意识地影响了艾伦，让艾伦接受了他先前一直不接纳的那部分自我。

拥有欲望、野心和成就

小男孩会逐渐认识到，他们不仅跟妈妈，而且跟爸爸也有着紧密的关系，这两种关系可以作为两面镜子，"照出"他们的自我意识。通过有意无意地评估这对关系，男孩会渐渐推断出：原来他们拥有独立于父母的自我。他们会开始把自己体验为人，或者说"主体"（subjects），一个对物质客体或真实他人（妈妈和爸爸）有欲望的主体。如果爸爸可以充当一个正面的行为榜样，那么男孩就会感到自己有资格拥有自己的欲望。[7]

一个爸爸，可以通过识别自己的欲望，把儿子视为一个主体。这等于是给了儿子一个行为榜样，允许他把自己体验为一个可以通过主动去要和索取，从而满足自己需要的、完整的男性。举个例子，爸爸下班回来，小儿子急切地站在门口，看到儿子急切的眼神，爸爸立马给了他一个大大的拥抱。这看上去只是一个简单的互动，但是这里面蕴含的父子情感同步关系却十分了得：男孩想要爸爸注意到他，而爸爸做到了。于是他们在这个简单的互动中，满足了对方的愿望。

此外，男孩会逐渐意识到父亲可以独立行动，从而得以在外面那个更大的世界中满足自己的欲望和需要，长此以往他们在心里会认为父亲代表的是独立和欲望，以及为满足自己欲望而具备的障碍扫除能力。我们经常在游乐场中看到：父亲会强化儿子第一次挑战单杠的过程中产生的兴奋感。父亲会看到并认同儿子探索新事物、获取新体验的欲望，而儿子则会看到父亲的力量和幽默，把父亲视为通向外部世界的桥梁，如此一来，外部世界中那些又大又恐怖的东西，就会变得相对好应付一些。

如果父亲在这个关键时期缺席，那么孩子长大以后，就会经常对自己的欲望和独立性产生焦虑和恐惧。凯文就是这种情况。凯文是一个 30 岁出头的成功人士，他来我这里寻求精神分析是因为他发现自己在生活中无法获得任何享受。他说："我比伍迪·艾伦（Woody Allen）还要神经质。"和一个女人同居五年，但他却始终强迫性地怀疑这段感情，无法给出任何承诺，两人也没有了性生活。

随着治疗的进行，我们发现原来凯文一直希望爸爸回到自己身边，让自己从妈妈的各种影响和焦虑中走出来——他妈妈太害怕男性的世界了。凯文会愉快地回忆与爸爸之间的亲密时光，爸爸在他还是个小男生的时候会把他塞进被子，会和他一起玩"斗牛"。

但是在凯文童年的某个阶段，爸爸逐渐退出家庭生活了，而凯文则被完全交给妈妈抚养。妈妈对凯文保护得有些过度，以至于连棒球赛都不准他去看，因为担心他被飞来的球击中死掉。他还说，妈妈后来也反对他和爸爸斗牛，因为担心会受伤。爸爸答应了妈妈不再这么玩，而凯文则觉得，自己生活中的大部分乐趣也随之而逝了。最终，爸爸完全离开了他的生活。

所以说难怪凯文长大以后会感到与人疏离，也无法在恋爱中给出承诺。无论何时体验到身体的欲望或愉悦，他好像都能听到妈妈提醒自己周遭有危险的声音，然后自己就把自己给吓住了。所以很遗憾，他害怕一切不受妈妈掌控的东西，而且始终没有一个父亲可以对此做出干预。要知道父亲的职责就是告诉儿子：本能冲动是可以被调节且被享用的，不是只拿来害怕的。凯文的父亲本可以把他从母亲的焦虑海洋中"救上岸来"。但是他辜负了自己的儿子，没有给他提供一条逃生的通道，没有让他从和母亲的高浓度共生关系中逃出来。

这种模式并不少见。如果父亲在儿子生活中的参与度不高，那么儿子就会被一些与母亲相关的婴儿期欲望逼得退行（regression）。反之，如果父亲给儿子提供了陪伴和行为榜样，那么母子之间过强的联结就会得到缓和，男孩的注意力和兴趣就会转移到外部世界中去，而不是一直放在和妈妈之间的那个温柔乡上。我们在接下来几年的发展中会看得更清楚：一个参与度高的父亲可以帮助儿子学会如何在自己的欲望和别人的欲望之间，找到宝贵的平衡。

如何设定限制和树立权威

显而易见的是，一个父亲通过给儿子示范出被社会接受的男性行为，通过共情儿子的分化需要，可极大地帮助儿子成长。但是有的时候只有共情还不够，父亲还要传授更多外面世界的经验给儿子。接下来让我们来看看尼尔的例子。

我为尼尔做分析的时候，他 5 岁的儿子塞米当时还很抵触如厕训练。尼尔本人的父亲是一个相当自恋的人。实际上尼尔关于父亲的大部分记忆，都与自己被羞辱有关。托父亲的福，尼尔本人曾发誓一定要以不同的方式对待自己的儿子。结果呢，每当他碰到儿子有情绪，都会非常共情——甚至到了一种过分的程度，以至于无论什么时候儿子便便在裤子上，尼尔都会说："没关系的，你只是需要更多时间。"

有一天，尼尔意识到这个策略行不通，除同情心以外，他的儿子可能还需要其他一些东西来完成如厕训练。遗憾的是，尼尔并没有一个内心榜样来帮自己成为一个既不侮辱儿子，又有权威感的父亲。于是我开始鼓励尼尔探索——他是怎样潜意识地内化了父亲的态度（虽然他的行为，在自己看来跟父亲截然相反）。接着在分析当中，我们开始为他建构一种新的父性力量，因为他一直渴望拥有一种慈父的引导力和权威感。在这个过程中，他不但领悟到了自己的潜意识模式会怎样被父亲过去的行为给激活，而且他还一部分认同、内化了我在面质他被动性过程中的对事不对人的风格。也就是说，他成功地"使用"我的形象，发展出了一种健康的父亲权威感。

后来有一次塞米没来得及去厕所又便在身上了。这一次，尼尔坚定地对他说："儿子，不能再这样下去了。一个 5 岁的男孩还在裤子上便便是不行的。这对你会很不好。其他孩子也会嘲笑你，把你当婴儿看。爸爸不希望你经历这些。我知道这对你来说有点儿可怕，但是从现在开始我要帮你一起克服这个事情。"

尼尔当时并不确定小塞米会对此做何反应，但结果还是让他挺惊喜的。

塞米看上去对爸爸展现出自己的力量，对他可以明确指出什么可以，什么不可以被接受——也就是划定边界的能力回应很积极。也就在几天后，尼尔欢乐地给我发了条语音留言，告诉我塞米最终做到了正确如厕！

尼尔是个典型的例子：一个男人尽全力不变成自己的父亲，结果一心朝着截然相反的方向做，却终因补偿过度而犯下错误。是的，小男孩需要父亲的共情，但他们同样也需要父亲的权威性指导，需要父亲为自己划定行为边界，从而完成自己的社会化发展任务。对小塞米而言，理解他的情绪固然重要，但只有这点还不够。尼尔身为父亲的职责，不只是要对儿子表现出同情心，他还需要看到，儿子在某个阶段发展受阻时，自己作为父亲，是需要推他一把的。

尼尔帮助塞米进入了下一个发展阶段，与此同时他通过参与儿子的生活，也让自己产生了新的智慧：一个人可以在有自信，有威严，甚至在有点固执的同时，不羞辱他人。因为早年和自己父亲之间不愉快的经历，尼尔从来没有办法区分什么是"霸道的独裁"，什么是"建设性的权威"。但为了帮助儿子，他学着掌握了恰到好处的权威感，这就为自己的人格增添了一种新的行为模式，完善了对自己的男性身份认同。

参与度高的父亲可以教自己的儿子（同时也被儿子教着），更少以非黑即白的视角来看待这个世界。通过这段父子联结，儿子明白了他既可以经历不同类型的关系，也可以处理由这些关系所唤起的各种情绪。同时，父亲也会因此明白：一个男人的成就世界和关系世界并非二元对立、水火不容。

儿子生命最初这几年和父亲建立的情感联结对关系双方都有好处，甚至会有疗愈作用，但是它在接下来将会面临挑战。如果说在童年早期，孩子会发现自己具备强烈的情感，那么在接下来这个发展阶段，他们就要学习如何控制这些情感了。所以在接下来的俄狄浦斯阶段，父亲要帮助儿子调节情绪，儿子则会帮父亲处理棘手的同性竞争等议题。实践证明，前面几年的父子联结越牢固，后面几年的日子就越轻松。

第4章

童年早期

父亲把俄狄浦斯阶段的男孩领进男人的世界

教导孩童行他当行的道，

即使到老他亦不偏不离。

——《圣经·箴言》22：6 [1]

西格蒙德·弗洛伊德把男孩 3.5 ～ 6 岁这个发展阶段，命名为"俄狄浦斯阶段"（oedipal stage），亲密感和竞争性是该阶段最显著的两大特征。在此阶段男孩依然会寻求父亲的指导，但是在自己的自主性和成就欲等重要方面，他会开始向父亲吹响进攻的号角。如果这个阶段父子之间的冲突能够以协商的方式成功解决，那么儿子将学会创造性地运用自己的攻击性、竞争性和探索欲，由此获得一种健康的阳刚之气。

在本章中，我将会探讨父亲该怎样帮助儿子成功地探索男人的世界，而两人又会怎样"缠斗"在一起——这种缠斗可以为将来在家庭外面的大世界中遇到类似情况做演练。父子争斗的形式是多样的。接下来，我们来看看发生在我的病人马蒂和他 5 岁的儿子杰森之间的一个例子。

马蒂向我倾诉他的烦心事：他和儿子杰森坐在一起拼乐高积木，他发现自己真的很享受这个过程，于是就很自发地对杰森说了一句："嘿，我的塔越来越高了哦。"

没想到这么一说，反倒把小杰森那股子竞争的拗劲激发出来了，他宣称自己的塔要比老爸的"高大很多很多"，而且立刻就抓了一把乐高积木往自己的塔上塞，结果因积木加得过猛导致整个塔开始摇晃，以至于最后终于垮掉了，积木散落一地……而杰森，则开始哭泣。

马蒂心里对自己塔的牢固性感到颇为满意，于是他花了点时间安慰杰森，还帮他重建了塔。在这个过程中，马蒂教儿子要把塔的基座打牢固，但杰森并没有兴趣打基础。他就是要按自己的方法再来一次，把一块又一块的积木直直地往上堆。

现在杰森可以骄傲地夸口说自己的塔比老爸的要高了！但是话音刚落塔又倒了，情况跟第一次一模一样。只不过这一次杰森感到更愤怒更受辱，他开始哇哇大哭。

马蒂向我吐露出心声，他说其实自己当时很想告诉杰森："我就跟你说过这样会垮的吧！"当然在现实中他很明智地没在儿子的伤口上撒盐。但是呢，他又真的不确定自己在这种情况下该怎么做，于是他问我："你说我该说什么呀？你要知道在我内心深处不可否认的是，我还真乐意看到自己的塔完好无损而儿子的垮成一堆废墟，你说我该拿这种感觉怎么办才好？"当然，最后马蒂还是告诉儿子没关系的，他可以再来一遍，但杰森压根没理他，说了句"别理我"，就径直冲出了房间。

这个充满着俄狄浦斯阶段的小敌意的片段，提醒着父亲要看到自己和儿子相处时的竞争欲，这种看到和识别是很重要的。我在本章稍后的部分会详细阐明这个重要的点，那就是父亲在儿子的俄狄浦斯阶段，要努力学会用建设性的方法来表达自己的攻击性，因为在这个发展阶段父亲所扮演的主要角色是一个引导者，他要把自己的儿子安全地引向一个男性的世界。

儿子在这个阶段尤其需要父亲，因为男孩到 3 岁以后，会开始认清一个痛苦的事实——"无论我跟妈妈多么亲密，在身体和生理上我和她就是不一样"。这种认识对他而言不只是一个打击，而且还会改变他的自我认知。与此同时，在 3 岁到 4 岁之间，男孩在身体和情感上还会经历一段和母亲逐渐分化的过程，即使他们之前极为亲密。然而正如很多精神分析发展心理学家们所描述的那样，男孩与母亲分化的过程，既令他感到困惑、恐惧和悲伤，又让他感到兴奋和刺激。[2] 可以想象，如此重要的一个转折阶段摆在他们前面，男孩会本能地向爸爸寻求帮助。

父亲塑造儿子的男性性别认同

一个参与度高的爸爸会共情儿子与妈妈分化的需要，与此同时他还会为儿子提供另一个健康的爱的客体——他自己。要向儿子成功地展示这段相对新的亲情的价值，一个重要的部分就是要让儿子清楚地看到父子两人在男性性别特征方面的先天相似性，而这种相似性最终也会慢慢地帮儿子获取到属于他自己的、健康的男性性别认同感（male identity）。

比如，即使很多男孩先前就学会了使用抽水马桶，但是只有到了俄狄浦斯阶段他们才会为自己可以站着尿尿而感到骄傲（以及愉悦）。他们此时也会注意到：站着尿尿这个动作爸爸也可以做，但很明显妈妈做不到。所以这个新技能会使男孩更关注自己和爸爸之间的相似性，而不是和"好妈咪"（pleasing Mommy）之间的相似性。

此外，除了站着小便以外，爸爸在洗手间里所展现出的一些男性行为如刮胡子，也是可供男孩模仿吸收的独特男性元素。通过模仿和吸收这些男性化行为，男孩逐渐和他的母亲及其所谓的"女性化特征"区分开，他们的核心性别认同（core gender identity）由此获得了爸爸的支持，而他们的性别角色意识，以及那股初见雏形的阳刚之气也得到了加固。

爸爸可以教自己的儿子"在风中尿尿"，还有在马桶里面"尿出泡泡"，又或者帮助儿子享受在瞄准目标的过程中对自己生殖器产生的触摸、熟悉，以及控制感，就好像这是一个新找到的玩具一样。孩子在学习自主控制生殖器的过程中，可以产生各种奇思妙想和愉悦感，这是一个新的发展。他们在更小的时候不会直接体验到这些，但是现在这些体验都得到了强化，因为他们可以在爸爸在场的情况下，骄傲地展示自己小小生殖器的力量！这是一种健康的表现欲，这种表现欲和与之相伴随的性器全能感，实际上是在告诉我们：男孩在这个阶段强烈地需要爸爸的欣赏，也需要和爸爸之间相互认同。[3]另外，爸爸和儿子一起小便，会让儿子感受到一种男性的榜样力量。在这种力量占主导以后，妈妈和男孩之间曾经的秘密就变得没那么重要了。这标志着一个男孩基本上已经开始享受与男性之间的联结了。

我永远不会忘记，有一次和我的儿子阿莱克斯一起去洛杉矶看 NBA 篮球赛的经历。比赛过程中我们父子俩上了好几次厕所，其中有一次阿莱克斯站在小便池前，发现自己身边站的竟然是洛城的体育英雄——洛杉矶道奇棒球队的传奇球星达里尔·斯特罗伯里（Darryl Strawberry）！儿子一直盯着他看，我想他是被身边站着的这个巨人给惊到了（达里尔身高 2 米）。接下来，他对达里尔说："我尿尿可以正中靶心，你可以吗？"达里尔扑哧的一声笑了出来，他的笑容那么温暖，但让我终生难忘的，是他对我儿子的"成就"释出的善意的肯定。

当然，父子两人绝非只在厕所里对彼此的身体感兴趣，他们在地板上的嬉戏打闹和两人之间的"掰手腕大奖赛"，也会让他们各自对对方更有兴趣。这种强健的、有创造性的攻击性以及躯体上的愉悦感（伴随着一种玩耍的态度、兴奋感和探索欲）会让一个儿子确信：男性的世界是充满着愉悦、自发性和生命力的。如果父子两人可以享受彼此间的身体接触，尤其是以大肌肉运动为代表的身体接触，那么儿子就会模仿自己的父亲，而这种模仿反过来又会深化他自己的男性身份认同。通过这种打闹式的玩乐，男孩可以直接体验到父亲那节制而有权威性的男性力量，而他们也将学会如何创造性地使用自己的攻击性。简而言之，一个男孩主要通过认同父亲的男性躯体，其有节制的攻击性，他的自主性，以及急切的探索欲，来形塑自己最初的那份阳刚之气。

与母亲分化：关于"男子气概"的再定义

父亲创设了一个安全区，在这个区域里男孩可以表达自己的自主性、好奇心甚至是攻击性。通过创设这个安全区，父亲也给儿子上了另一课：所谓的男子气概，或者说阳刚之气，也有它柔软、滋养，以及保护性的一面。之前，男孩会把这些关怀的品质与母亲联系在一起，但是现在，他会意识到爸爸和妈妈一样也可以关怀他，所以他会发现：情感和关切并不只是女性独有的特质。儿子在爸爸身上看到了他对自己的爱，加上之前就已经认同了的彼此之间的相似性，如此一来，儿子就可以没有矛盾地去爱爸爸了。靠着这层爱的联结，儿子便不必斩断自己身上那些"柔软"的品质，他可以在维系住这些品质的同时，觉得自己是个"男人"，因为他不必再把柔软全然归于母亲——他在自己的父亲，这个男人身上也看到了柔情。

同样，父亲也可作为一种调控的力量，防止儿子把自己身上的女性化特质看得过于非黑即白。具备了这种认识的男孩，不会把所谓的男子气概看得太僵太死，而会相信它是多样的。他们亦不会把"男性化"这个概念感知得太过非黑即白，而是会把它感知为一种复杂的、父母双方都有的、多方位混合性认同。于是，男孩可适时地承认和接纳自己与母亲的紧密联结的失去，与此同时也会意识到自己新整合进来的男子气概并非脆弱易碎，其内核是相当柔韧且安全的。这样长大成人的男孩，因为接纳了更有流动性、更柔韧的阳刚之气，所以这种"阳刚"也就更为健康，不偏狭。

因为一个儿子不把男性和女性气质看得截然不同，或者视为一个光谱的两个极端，所以这个儿子可以跟母亲逐步地，而非骤然地分离；轻松地，而非创伤性地分离；部分地，而非整体地分离。如果一个儿子可以同时整合妈妈和爸爸的特质，不需要认同一个就被迫放弃另一个，那么这孩子就会体验到自己是一个自主的个体，他和母亲之间的分化也就会进行得更加自然。

要培养儿子健康的男子气概，父亲需要持续在场

在男孩成长为男人的过程中，要获得男性性别认同与性别恒常，是一个艰难的过程。这是因为在男孩的成长过程中，他们会从家庭内部和外部世界两方面接收到强有力的信息，告诉他们必须停止认同自己的母亲。的确，很多男孩不但不被鼓励和妈妈黏在一起，也不被鼓励表现出一般意义上的女性化行为，而且他们还常常被催促着过早地和妈妈分离。所以为了体验到自己的男性特征，男孩常常被迫要摒弃自己身上所有的女性化特征。而且他们一旦表现出某些跨性别的行为和态度，家长、同龄人，甚至整个社会都会对此表现出强烈的负面反应。[4]

"剪不断脐带"的男孩会被斥为"妈宝男"或者"娘娘腔"。文化会动用"羞辱机制"来确保男孩到达一定年龄后就要离开母亲，而且要停止所有的女性化行为。很多男孩在成长过程中，经常会因为表现得像个女孩而受到近乎残酷的羞辱，所以羞耻感对男孩而言是一种尤为敏感的情绪。因为这种针对女性化行为的羞辱来得太早，强度太大，所以男孩心里就只想着逃离被羞辱的厄运。为了不让自己暴露在羞耻感中，他们中的很多人不得不在男性化和女性化行为之间，划出一条僵硬的分界线。

　　然而大多数男孩在内心里，仍想找回或留住在其生命最早期，和妈妈之间的某些美好的关系体验，即使他们知道必须要在表面上否定它们。所以在很多男孩甚至男人心中，一直会存留着这样一种渴望：渴望那种他们曾拥有过的，但今时今日在意识层面上却再也无法接受的母子联结。正因为有这个矛盾，我们才能理解——为什么会有那么多男人怀疑自己的男子气概，会一直想加以补偿，并耗费那么多能量来不断确认它。因为和妈妈的关系塑造了他们人格的最底层。但一旦感知到这个底层，他们就会担心自己不是真男人。

　　很多男孩，以及后来的男人，用僵化、夸张的方法固执地追寻着一种刻板的男性行为方式，精神分析把这种现象称为"性器崇拜"（phallicism）。在这里，性器指的是男孩的阴茎，在性器崇拜里，阴茎实际上被当成了一种神秘的、具有原型色彩的石柱或护身符。这块石柱可用来象征坚强、独立、力量、无限生长，当然还有男性的全能感。它可以防止男孩体验到失去——尤其是失去和妈妈之间的亲密。性器崇拜让男孩可以在潜意识中肆意地想象：我的阴茎可以征服这个世界，这也包括我的母亲；有了阴茎，我就不会再被视作一个匮乏之人，或者脆弱的人。[5]

　　当然，这种性器自恋（phallic narcissism），在男孩的发展历程中出现，其实是一种自然的、适应性的现象，但在男孩长大以后，再这么自恋就会显得比较原始，对他而言也就不再具有适应性。我们同样也发现，拥有"足够好的父母"的男孩——也就是有一个认可且支持儿子男性特质的妈妈，以及一个参与度高、对儿子情绪回应性强的爸爸——那么，这个男孩的性器自恋，其支配地位会自然而然地消退。在此之后，一种更为整合的男子气概会得到发展。

　　但是，在男孩的早期个体化过程中，如果他的性器崇拜长期不消退，那么重要原因之一，就是缺少一个可以帮助他的父亲。因为缺少父亲，所以这个男孩只能发展出一种不承认自己有弱点，有错误，还有依赖性的无比生硬的男子气概。他被卡在了性器自恋当中，而且这种男孩在建立亲密关系的过程中也会遇到相当大的麻烦。

我所主张的男子气概强调兼收并蓄，在理想的情况下，一个男孩既必须整合男性化，又必须吸收女性化特质。若要发展出这种男子气概，须有若干个要素就位。首先，小男孩需要一个参与度和响应度都较高的父亲来引领其发展。然后，这个父亲不但要尊重儿子的独一无二性，而且在心里也要尊重女人和女性特质。最为理想的情况是：这位父亲既有权威性，能够指导儿子；同时他对自己的男子气概也有足够把握，所以也能够在情感上滋养儿子，对其需求足够敏感。

为了支持儿子获得男性身份认同，父母双方都需要认可并接纳伴侣身上不同于自己的特点。如果父亲不憎恨或害怕女性，如果母亲不憎恨或害怕男性，再加上一个容得下竞争的支持性家庭氛围，那么这个男孩就不必被迫与父母中的一方站队，去反对另一方，如此一来他在情感上也就不必再自我撕裂。

被这样对待的男孩，无须急速地、剧烈地切断和母亲的联结，摒弃一直以来对她的依恋。相反，他会发现其实自己可以把"脐带"拉长，让它变成一根柔韧有弹性的安全带——一种象征着保护和庇佑的强有力符号。当他转向自己父亲的时候，会发现父亲正在那里等他，准备把他引领至男人的世界。如此一来，一个参与度高的父亲既是儿子男性化过程的促进者，又是它的缓冲者：一个父亲对自己的男子气概越有信心，他就越有能力帮助儿子完成从依恋母亲到认同父亲的转变。[6]

对一个参与度高且有爱的父亲而言，他在展现出温柔和关爱的特质——也就是那些被社会界定为女性化特质的时候，其性别角色的同一性（gender role identity）并不会受到威胁，也就是说他作为一个男人的核心性别认同不会遇到问题。所以，他们即使表现出一定的权威感、攻击性、驾驭性或独立性，他们也不会觉得自己更男人，他们也不需要通过表现得像个"纯爷们儿"来降低自己的焦虑。相反，他们能够接纳自己的性别局限，而且也相信真正的男性化特质，具有兼收并蓄的气度。

如果在这个阶段，男孩无法从足够好的父亲那里获益，无论这个父亲是缺席还是不能用建设性的方法帮助儿子，那么这个男孩在以后的生活中，可能会遭遇到一些极端的困难，赛斯的例子即是明证。

赛斯是一个摇滚吉他手，在表面上他显得很"爷们儿"，但在他内心深处，出于某种原因始终植根着一种羞耻感。他告诉我，从 5 岁开始他就觉得自己是个"娘娘腔"，结果这导致他固着在一种防御性的性器崇拜之上——他通过一些夸张的、清高的、"酷酷的"男性化小动作，成功地让自己摒弃了感性的那一面。

赛斯的父母在他 7 岁的时候离婚，他是两人的独子。一方面，赛斯的父亲极其自恋，轻视女人，很容易发脾气并在之后做出冲动行为。离婚后父亲又结了两次婚，在每段婚姻里他都有婚外情。他还会不断地提醒赛斯，要他当心女人，因为"女人会想方设法地利用男人"。

另一方面，据赛斯说他的妈妈又对他"非常溺爱"。他告诉我，妈妈不喜欢他交女朋友，在他 20 岁前不鼓励他学开车。他还告诉我，直到最近他才发现自己小时候，妈妈用母乳把他喂到 3 岁。另外，和爸爸很像的一点是，妈妈对自己的前夫，甚至整个男性群体的批判性都极强。

今时今日，赛斯发现自己正在拼命地寻找一个"父亲一般的长辈"，来帮助自己发现"真实的自己"，用他自己的话说就是，帮他体验到"做自己是没有问题的"。在我们治疗的早期，他感到迷失。有时候他表现得像个小男孩，有时候又像一个拼命寻找方向的青少年。他的人格发展似乎处在一种迟滞状态，他来找我更多地是想被"喂养"，而不是探索自己的问题；也就是说他要求我在场，并且注意力完全集中在他身上，除此以外他似乎什么也不要。他每周都来和我面谈，从不缺席，以至于最终我发现自己成了那个他一直在寻找的父亲：一个善良且充满爱的导师，那个可以帮他既深又广地理解自己和世界的人。

赛斯经常提及让自己男子气概不稳定的自卑感和羞耻感，具体来说就是：每次当他发现自己沉溺于"阴柔脆弱"的行为当中时，紧接着就会体验到一种控制不住地想要"藏起来"的欲望，他说他想把那个"感性的自己"藏到"一个昏暗的山洞"里去。这个山洞暗指一个可以掩饰他感性和女性化自我的地方。这个山洞很暗，说明他早年在身体层面上对妈妈认同之深，之可怖。

治疗的第三年间，赛斯描述了一个梦境：他在一个朋友家里看到了一架钢琴。他开始弹奏，然后开始止不住地哭泣，他感到极为悲伤。这时他开始体验到尴尬，想要在没人看见的情况下离开这个房间，但最终他既藏不住自己的情绪，也没能离开这个房间。

复述完这个梦境以后，我们开始探索赛斯对于一想到触碰妈妈就会产生的"嫌恶感"，以及他长期以来对于"女人味重"的女性的恐惧。这些感觉，毫无疑问地缘起于他在俄狄浦斯阶段这个关键阶段，跟爸爸之间没有联结这个事实。在俄狄浦斯阶段，社会期待着男孩和他的母亲分离。但是赛斯的母亲把他绑得太紧，而他当时又没有一个父亲般的人物来替他松绑。虽然极不情愿，但他除了被母亲绑住以外，别无选择。

这个梦境还给了我们一个机会来讨论：因为没有一个成熟的父亲在场，赛斯是怎样感到在成长过程中被困住的。由于缺少一个健康的成年男性供自己认同，而且跟妈妈绑在一起又压根不知道什么是"男子气概"，所以赛斯给自己创造了一种非常僵化的"男子气概"。这是一种非黑即白的性别身份，其准则是：要么你是纯爷们儿，要么你就是娘娘腔；你要么强大而独立，要么赢弱而黏人。于是根据这套模式，赛斯为了让自己感觉像个男人，只能摒弃身上所有"阴柔"的特质。

在治疗赛斯的过程中，我要扮演的一个必不可少的角色就是一个榜样，向他展示一种全面的、父性和母性特质兼容的男子气概。这帮他认识到：先前狭隘的男子气概定义，让他既疏远了自己，又疏远了他人。通过探索这种狭隘男子气概定义所含的矛盾，也通过揭示他为适应早年家庭环境而给自己套上的潜意识枷锁，赛斯得以运用自己的洞察，最终跟自己实现了内在停火。因为不再自己跟自己作战，所以他开始意识到男性化和女性化的特质其实都是可以为己所用的，不是用了一方，另一方就一定要遭禁止。

由于男性化和女性化的特质之间的持续互通，我们看到一种健康、稳定、流动而有韧性的男子气概出现在了赛斯身上。我认为，一个男人开启并将这种互通持续下去，是他忠于自己生命多样性和复杂性的唯一途径。

父子竞争：一同面对俄狄浦斯阶段挑战

在理想的情况下，因为有了足够好的父亲的指导，男孩们已经比较好地建立起了自己"最初的男子气概"。等他们到了上幼儿园的年纪，则会面临一项全新的挑战，人们一般把这项挑战称为"俄狄浦斯阶段冲突"（oedipal conflict）。

俄狄浦斯阶段是儿童的一个关键发展期，这个时期用"俄狄浦斯"来命名，其典故来自古希腊的伟大悲剧作家索福克勒斯所作的《俄狄浦斯王》（*Oedipus Rex*）。现在让我们来看看这个故事最直白且广为人知的版本：古希腊城邦底比斯的国王拉伊奥斯，从神谕中得知自己新出生的儿子俄狄浦斯长大以后会弑其父娶其母。为了防止这出悲剧发生，他命人把还是婴儿的俄狄浦斯抛到荒郊野外等死。然而，在偶然的情况下，一个牧羊人发现了这个弃婴并把他带到了另一个城邦科林斯，在那里俄狄浦斯被王室收养了。

俄狄浦斯成人以后，他听说了自己将会弑父娶母的神谕。为了防止这个情况发生，他立即从科林斯逃去了底比斯，但当时他依然认为养父母就是自己的亲生父母。在逃亡路上，他在一个岔路口跟一个男人关于路权问题发生了口角，俄狄浦斯一怒之下杀死了对方，却并没有意识到这个男人，实际上就是他的亲生父亲。

来到底比斯以后，俄狄浦斯解开了一个谜题，祛除了底比斯的瘟疫，感恩的底比斯人于是推举他为国王，因为老国王拉伊奥斯刚刚被人杀死。作为奖赏，俄狄浦斯还赢取了老国王的遗孀，也就是他本人的生母，伊俄卡斯忒王后。

很多年以后，诸神发现俄狄浦斯在擅自篡改自己的命运，于是他们怒不可遏地让瘟疫再次降临到底比斯。俄狄浦斯被告知：只有杀死老国王拉伊奥斯的凶手被公之于众，这场瘟疫才会消散。俄狄浦斯遂发誓找到真相。然而等到最终真相大白的那一天，他才发现自己是凶手，更不要说还娶了自己的生母，而且和她生下了几个孩子。绝望之下，伊俄卡斯忒王后上吊自尽，而俄狄浦斯则用伊俄卡斯忒的胸针挖出了自己的眼睛。虽然俄狄浦斯想逃离自己的命运，但最终却恰好坠入命运的网中，而他终究还是自己厄运的执行者。

索福克勒斯的作品问世两千年以后，弗洛伊德借用这个故事阐明了一种被他称为"俄狄浦斯情结"的心理现象。弗洛伊德认为在这个发展阶段，男孩会幻想自己从妈妈的宝宝变成了她的情人，从爸爸的宝宝变为他的竞争者。换言之，父亲、母亲以及儿子将会进入一段以欲望、竞争、妒忌、拒绝，以及攻击性为代表的三角关系。弗洛伊德的观点最重要的部分在于：小男孩似乎迷醉在自己新近获得的男子气概之中，从而进入到一个和父亲争夺母亲关注的发展阶段。

在男孩心中实际发生的情况是：他体验到了一种创伤性的丧失——他和妈妈之间在生命更早期的那种共生关系，如失乐园般地逝去——这让他感到自己需要变得足够强大，以击败任何挡在自己和妈妈之间的力量。他潜意识的愿望是与妈妈重新合二为一，但在俄狄浦斯阶段，这种愿望典型的表达形式就成了要征服和占有母亲，要穿透她，要把她完全占为己有。这就是"性器能量"的一个表现：小男孩会幻想纯粹的意志力量可以超越世间所有的限制。具体地说，他认定自己可以取代父亲，赢得母亲。

然而，一旦小男孩沉浸在这种新生的男性力量感之中，他就会开始害怕这种力量被自己的对手——"报复性的父亲"给夺走。那种巨大的力量感，会使男孩害怕在现实中比自己强大得多的父亲，怕父亲能读出自己的心思，揭穿自己隐秘的欲望，而且还因为自己有这些想法而施以报复，对自己展开反击！父亲的终极反击就是阉割掉儿子，不但让他失去力量还让他失去男性性别。这就是所谓的"阉割焦虑"（castration anxiety）。它代表着男孩对失去爱和失去欲望感受能力的恐惧，同时也代表着对被父亲惩罚和羞辱的恐惧。

所以男孩在这个阶段，会因为自己有攻击父亲、与他竞争的冲动而感到恐惧。为了不被这种恐惧吞没，男孩需要学会疏导自己的冲动。再一次，他们会向自己的父亲寻求帮助。但有趣的是，这一次父亲也很有可能体验到相同的和针对儿子的对抗感、愤怒感，还有攻击性。无论这个男人多老，他都逃不过这些情绪。

现在我们回过头再来看看俄狄浦斯的传说，实际上，它绝不像弗洛伊德和早期精神分析思想家们所说的"男孩想弑父娶母"那么简单。在这个故事里面，我们也要看到老国王拉伊奥斯，其过度的甚至想要篡改神谕的那份骄傲，还有他杀子的意图！实际上，很多当代的精神分析师会更聚焦于研究代表着父性黑暗面的拉伊奥斯，而不再是俄狄浦斯。[7]

在这个阶段中，一个父亲要通过识别和控制自己的竞争冲动来帮助自己的儿子，如此一来他就会再次作为一个积极的行动榜样出现在儿子的生活之中。即使是在竞争对抗的氛围中，一个父亲也可以骄傲于儿子尚在萌芽的男性攻击性力量，并加以鼓励。这种骄傲和鼓励是父爱真挚性最好的明证，它也会帮着抚平儿子在此阶段难以规避的愤怒情绪。

本章开头所讨论的马蒂和儿子杰森之间发生的情况，就是一个很好的例子。在杰森冲出房间几个小时后，马蒂发现杰森把马蒂的塔也给踢倒了，积木散落一地。马蒂被触怒了，他开始大声地咒骂，直到这时，他才发现自己不得不找个法子调整一下情绪。他敲了敲杰森的门：进去之后，他发现儿子正躲在被子底下瑟瑟发抖，他意识到儿子肯定是听到了自己的咒骂，现在正感到害怕和无力。

尽管马蒂很生气，但他并不希望把杰森羞辱一番，但也不希望鼓励他逃避自己的责任。幸运的是，马蒂拥有基础的心理学知识，他知道杰森的竞争性冲动，也明白他对一个比他强大许多的父亲的恐惧。于是马蒂冷静而坚定地坐在杰森的床边，告诉他："杰森，你这样做是不对的，如果你破坏了别人努力完成的东西，那么你是要自己来'收拾残局'的。"在亲吻儿子、跟他道晚安之前，马蒂还告诉杰森："我理解你真的想要造出'最高的塔'，但是有时候事情总不遂人愿，所以呢，我们还是要学习更好地处理自己的失望情绪，不是吗？"

如果这个阶段父亲不在场，那么男孩即使在成年以后，都还会遭受妒忌感和被排斥感的折磨。

让我们来看看戴夫的例子。戴夫是一个前来寻求治疗的40多岁的中年男性，他来求治是因为在家里感到越来越易怒。戴夫把自己形容为"善妒的那一型"，他抱怨自己的妻子花太多时间跟她自己的朋友打电话，帮他们14岁的儿子辅导课业，花太多时间帮17岁的女儿购物……戴夫自己呢——他总是感觉被妻子扔在一边，受尽冷落和忽略。

在治疗的过程中我们逐渐发现，戴夫的父母在婚姻中有太多的矛盾和纠缠，以至于完全没有为孩子们留下任何空间。所以在小的时候，戴夫感到父母的关系，看上去是排斥任何第三方的，以至于他每次都要通过争斗来赢得他们的注意力。这种模式延续到了他的成人关系中来，导致他在每段关系中都需要争夺对方的注意力。

因为父亲，尤其是在俄狄浦斯阶段，没办法向他伸出援手，这让戴夫直到成年都一直感到自己永久性地被排除在他人的关系之外。他被困在了竞争性的俄狄浦斯纠缠之中，感到自己每次对谁产生欲望，就必须要从诸多对手中把她给"赢回来"——这种情况已经恶化到了把自己的孩子都视为死对头的程度。幸运的是，一旦戴夫把这个早年问题意识化，他就不需要在自己今时今日的关系当中再潜意识地、痛苦地将其见诸行动了。

*　*　*

俄狄浦斯阶段男孩的父亲必须要能"恨人"，尤其是能以一种节制的方式恨自己的儿子。有恋童癖的拉伊奥斯所代表的，是一种被恶毒的并且报复心强的父亲延续下来的潜意识的、代代相传的父子恶性竞争。慈爱的父亲，必须要理解自己对儿子的嫉妒心和竞争性，要能够把自己的那些邪恶冲动转化为设定边界的能力，并提醒自己：身为人父，当有所为而有所不为。通过设置边界，他就可以帮助儿子用一种健康的方式认同父亲，帮助儿子发展其超我，提升他接纳和耐受自身攻击性、冲突以及矛盾情绪的能力。因此，足够好的俄狄浦斯阶段父亲建立的，是一个温和的权威形象。这个形象反过来也会大大降低他变成拉伊奥斯的概率。

但是这并不容易。一个父亲，总是要在与儿子之间竞争性太强和太弱之间取一条中道。俄狄浦斯阶段男孩尤其需要看到父亲的力量，他需要体验健康的男性攻击性，从而确认自己的攻击性是正常的。然而有些父亲没办法控制自己竞争性的攻击欲。帕特·康罗伊（Pat Conroy）在他的小说《霹雳上校》（*The Great Santini*）里，就刻画了一个这样的父亲所造成的灾难性后果：因为没法控制自己"宰掉"儿子的欲望，小说中的父亲最终亲手毁掉了儿子的自尊心，以及他全部的自我价值感。[8]

为了让儿子接纳和汲取自己的男性力量，父亲需要以一种可控、节制的方式来与儿子竞争，而且他需要放弃"驾驭儿子"的愿望。但是，在竞争中一个父亲是不是总要自己赢？或者他应该总是让儿子赢？这个问题不会有一个 成不变的答案。一个父亲需要做的，是观察儿子对胜利和失败做出的具体反应。父亲的目的是挑战儿子，推他一把，而不是压制他。

如果父亲不带着某种节制去挑战儿子新生的力量感，那么儿子长大以后在建立亲密关系方面就会遇到困难，并会形成一种形态特殊的"父亲饥渴"，雷蒙的案例就很好地说明了这个问题。

雷蒙 35 岁左右，他在一次对妻子实施家暴后开始寻求治疗。他来的时候处于抑郁状态，满心懊悔，害怕自己的行为会毁掉和"（他所知道的）世上最好的女人"之间的婚姻。此外，间歇性的酗酒还威胁到了他的职业生涯，让他担心会像自己的父亲那样"把所有重要的东西都毁掉"。

在雷蒙 6 岁的时候，他的酒鬼父亲抛弃了他和他的一对双胞胎弟弟，把他们留给了"溺爱得过分"的母亲。虽然他现在可以"和很多同事们一起出去消遣"，但雷蒙还是很难信赖其他男性，除非他们联合的目的是"击败另一家机构"。

在和我的关系中，他那充满魅力的人格面具几乎没有掩盖他对我的强烈不信任。我感到他作为一个非裔美国人，跟我工作时很难感到安全，因为他会把这理解为一场竞争。然而当我可以公开谈论我们之间的种族差异，还有他对我白人身份的焦虑感等主题以后，雷蒙发现我是愿意向他学习的，而且我也是一个敢说真话的人。总之，通过创设一个可以让他谈论"敏感"话题的治疗氛围，比如他和我之间的文化差异，雷蒙终于可以把我当作一个父亲的替代者，来帮他重启自己受阻的心智发展。

现在我们在分析中可以开始探索雷蒙更深层的移情机制：实际上他是一个俄狄浦斯竞争的"战胜者"，这让他没有办法建立健康的三角关系。

这个深层机制可用他对自己母亲的描述来概括："她在某种程度上就是我的妻子，而我就是她生命中'特殊的那个人'，帮她带大一对双胞胎的那个人。"

我们的分析进入第二年后，雷蒙跟我讲了一个梦，他认为这个梦反映了自己渴望获得一个成熟负责的父亲，而且这个父亲可以和妈妈在一起。这个三角关系中的父亲，既可以与雷蒙，又可以与他的妈妈有情感上的联结，同时他还是一个值得雷蒙认同和学习的人。

在这个梦里，雷蒙梦到自己还是个青少年，跟自己高中那受人尊敬的篮球教练在家门口的车道上玩篮球单挑。单挑进入白热化以后，雷蒙给教练来了一肘，把他击倒在地上。教练的鼻子流了血，他像一只"受伤的熊"一样倒在地上，而雷蒙本人则又惊又怕地杵在那里。

他的妈妈一直关注着这一切，事发之后她径直朝着教练跑过来并开始为他止血。在梦里，她看着雷蒙，好像在说："我爱你的老师，就像爱自己的老公一样。即使你害怕他，我也会照顾好他。"

雷蒙醒来以后感到有些不安，但又莫名其妙地感到有些释然。在我看来，他的释然有力地证明了其内心是多么渴望一个可以让自己认同，让自己可以不必过快长大的父亲！用心理学的术语来表达就是：他在寻找一个强势的"俄狄浦斯阶段父亲"，一个可以和他的母亲出双入对，一个有能力承担父亲重担的男人。这个男人可以让一直在潜意识中深受"既做孩子又当爹"之苦的雷蒙感到释然，尽管他曾是一个俄狄浦斯阶段的战胜者，但这个战胜者光环也让他背上了过强的内疚感。

在我们讨论这个梦的过程中，雷蒙承认了他对我的依赖——他需要我，作为一个男人看到并接纳他的各种个人体验，且尊重他的脆弱性。他需要我作为一个"移情中的父亲"（transference father），承受住他的不信任，理解他在我们关系中所怀揣的竞争欲和攻击欲。在我们的努力之下，他开始能更自由地表达对我的批评和负面情绪，当然我也鼓励他这么做。他逐渐意识到：表达这些情绪并不会击垮我，亦不会损毁我们之间的关系。

这层理解让他得以修通自己的信任问题，并且他也开始和其他男性建立起一些真正的友谊。最重要的是，他开始意识到：自己的儿子也需要他使用男性权威来助其发展，而不是自己从他们的生活中消失，把他们的发展教育问题完全交给妻子和学校。

雷蒙继续寻求着我的帮助，学习如何疏导自己的攻击性，以及如何创造性地使用自己的权威。随着时间的流逝，他变得更能用言语表达自己，尤其是在妻儿面前。同时，他能够更加积极地参与到育儿中来，这一点让他深感骄傲。

* * *

一个父亲，的确不应让自己在家庭中缺席，因为这会让他的儿子携带着一种父亲饥渴长大。这种父亲饥渴，在这个孩子自己成为父亲以后，反过来又会让他难以面对自己的儿子，以此轮回。我在本章已经指出：儿子需要自己的父亲作为一个权威，来帮助他们完成"真实"世界中的社会化任务。和雷蒙一样，我们作为父亲，必须要学会如何以一种冷静却不轻易妥协的权威来教育和管束我们的儿子。如果父亲可以做到这一点，那么他的儿子在经历完俄狄浦斯阶段这个发展阶段后，将会把自己的父亲视作一个仁慈、有同情心，但同时又具备权威性的人。

换个角度看，一个父亲，若是能在儿子的生活中持续地扮演一个文明而有权威性的角色，那么他也将获得一个得天独厚的机会，来修通自己和权威之间的关系。这些长期存在的关系问题常常源自他们过去与自己父亲之间的龃龉，后来又影响到了原生家庭之外的其他社会关系——比如在工作场合中和领导的互动。

按照心理学作家萨姆·奥谢尔松（Sam Osherson）的说法，所有男孩都渴望得到一份来自父亲的"男性力量"的庇护。[9]父亲用这份力量告诉自己的儿子，怎样成为一个坚强而不具破坏性的男人；反过来，这样的儿子又会促使他的父亲（在这段和此后的生命年华中）尽力完善和发展自己，成为一个更完整的男人。

第 5 章

童年中期

鼓励孩子拥有掌控力、胜任力以及骄傲感

好好教育你的孩子……

授之以你的梦想。

——戴维·克罗斯比（David Crosby）、斯蒂芬·史提尔斯（Stephen Stills）、

格雷厄姆·纳什（Graham Nash）、尼尔·扬（Neil Young）[1]

从 6 岁到 12 岁，成长迅速的孩子们在道德、身体、社交，特别是在认知发展等方面会发生许多变化。随着其大脑结构的日趋成熟和复杂，他们在这个阶段已经可以使用较高级的思维方式了：他们开始用一种更具因果色彩的，以现实为基础的思维方式代替先前联想式的奇幻思维（magical thought）。用精神分析的术语来说，成长中的男孩在这个阶段会试图 "升华"（sublimate）自己的各种本能冲动（在先前的发展阶段，正是这些本能冲动引发了他们的梦境、他们天马行空的想象，当然还有各种玩耍游戏），而在当前这个阶段，男孩则会用富有创造力的兴趣爱好以及一些目的性活动，更为间接地来表达自己的冲动。

在这个阶段，男孩们为了赢得父亲的认同和赞赏，也会努力让自己变得有毅力而且高效。要知道就在几年前的俄狄浦斯阶段，他们还信誓旦旦地要超过父亲。但现在男孩们会更聚焦于父亲的成就，会识别出父亲在家庭以外的、更宽广的世界中的实力。这个阶段的男孩会急切地想要模仿父亲，他们甚至会比对着父亲的样子发展出自己特定的兴趣和技能。

弗洛伊德把这个阶段称为"潜伏期"（latency period），他指的是先前在俄狄浦斯阶段强烈的性感受和攻击性冲动，在这个阶段会休眠，或者会潜伏。[2] 就好像它们潜入地下，等着在"暴风骤雨"的青春期来临后再次升起。换句话说，童年中期（middle childhood）代表着一种性欲的趋缓和潜伏。

但你要是认为这个阶段的男孩情感不丰沛，那你就错了。实际上，童年中期的男孩，其内心世界常常充斥着各式各样情感的骚动。而且有时这些感受会一股脑地袭来，所以变得难以驾驭。最理想的情况是，男孩在与外部世界磨合的同时也能转向自己的父亲，向他学习如何有效地应对各种既矛盾又强烈的情绪。所以我们毫不意外地发现：男孩在小学阶段如果和父亲互动频密，那么他就会更具同理心和高自尊，抑郁的出现概率会较低，他们对性别角色和整个生命的态度，也会更加柔软和灵活。[3]

父亲继续引领儿子进入"男人的世界"

父亲把儿子带入一个团体并指导其团体行为，这一过程在早先父子初为伙伴的那几年就已经开始了。最初，父亲把自己一天到晚围着妈妈转的学步期儿子给拉出来。在几年之后的俄狄浦斯阶段，父子联结会强化加深，因为父亲要向儿子展示怎么调节自己对父母产生的强烈情绪。现在到了童年中期，父亲则要同潜伏期的儿子一道加入由父亲本人，或由其他充当父亲替代者的教练所带领的团体运动，从而让儿子品尝与他人共同玩耍以及获得成就所带来的乐趣。 这些活动同样也为男孩们的竞争欲和攻击欲，以及彼此间的友爱提供了一个出口。

潜伏期的男孩喜欢群聚在一起，试图创造出一个没有女孩的氛围。如果在这个阶段，你看到一个在前几年还饶有兴趣地和女孩们玩在一起的男孩，突然放弃了和女孩之间的友谊，这其实没有什么好惊讶的。在这个阶段，即使只是承认自己跟女孩玩，都会威胁到一个男孩仍处在萌芽阶段的男子气概。

这种男孩的群聚现象会增强他们的男性身份认同感和掌控感，同时也使得他们和自己的母亲，以及一切女性形象之间产生进一步的分化。通过"拒绝女性"这种仪式性的行为，男孩进入到一个由男性和男性之间的关系扭结而成的世界。在这个世界中，男孩和男孩之间的友谊无可置疑——他们在其中能体验到强烈的归属感。

在心理学家威廉·波拉克（William Pollack）看来，在父亲把儿子带入到团队竞技和集体活动中以后，男孩便有机会学着把自己的攻击性转化为健康的竞争欲，甚至是转化为爱和亲密。[4] 在集体活动中，男孩不但可以学着满足自己的成就欲、竞争欲以及掌控欲，他们还将学会把自己的需要和集体的需要融在一起。尽管在一支由男孩组成的队伍中，这帮小子们总是搞队内竞争，比如总想搞清楚"谁是我们中间最好的射手"，但同时他们也将学会不带深仇大恨、以玩笑的口吻捉弄彼此。他们终将领悟：原来竞争可以存在于合作的大背景之下。在父亲的引领下，男孩会发现他们身上那股子冲动，其实完全可以挥洒到与人合作的社会性行为中。

要引导这些男孩把自己的本能冲动转化为社会性行为，此过程的确少不了父亲的指导。只有通过认同父亲，男孩才能为自己的本能冲动找到新出口。无论是参与合作性游戏，还是更具有表现力，以及发展更为自发的男子气概，统统少不了父亲的参与。

受到父亲指导的男孩，会建立一个内在的"刹车系统"以调控自己的性欲和攻击欲。在这个系统的帮助下，男孩将逐渐获得掌控恐惧和痛苦的能力，也将获得更多柔和的愉悦体验——这些结合着本能欲望的能力和体验，终将导致新的行为模式产生。这些新模式，常常表现为娱乐精神、同理心，还有亲密的能力。

父亲通常会"指导"儿子以男性独有的方式来战胜恐惧和疼痛。举个例子，一个朋友的儿子在学校里踢美式足球，在一场比赛中他被对手重重地摔倒在地。这位朋友告诉我："他一时没爬起来，我老婆吓得要命，马上嚷着要让他退出比赛。"我的这位朋友呢，则注意到教练跑到儿子身边，而几秒钟以后，儿子坐了起来，神色有些恍惚但看上去显然还好。儿子走到场边，朋友和妻子赶忙走上前去询问情况。妈妈问儿子想不想回家，而爸爸则说："听着，先在替补席上坐一会儿，待会儿如果教练觉得你可以了，就回去踢。你是可以的，我知道。"儿子朝着自己的爸妈笑了笑，几分钟之后，他又回到了场上。

在上面这个例子中，父亲和母亲的两种典型反应可能都会对孩子有帮助，但也可能会出问题，尤其是在极端情况下。如果一位父亲劝儿子完全不理会疼痛，那么这就是一个极端的例子。在这种情况下，父亲等于就是在教儿子漠视身体疼痛所具备的信号功能（signal function），这种漠视可能会让儿子受到更严重的伤害。

夫妻双方的反应相差如此之大其实也并不奇怪。虽然很早以前女孩就参与到了竞技体育中来，而且某些重要的社会习俗也因此发生改变，但是很多女性，尤其是我们上一代的女性并没有像男性一样，被社会期待着以忍受疼痛和以"顽强不屈"为荣。这一点在电影《红粉联盟》（*A League of Their Own*）的著名一幕中得到了很好的展现：由汤姆·汉克斯（Tom Hanks）所饰演的球队教练，在跟自己队中一位因发挥不好而哭泣的女棒球队员训话时说了一句经典台词："棒球不相信眼泪。"

　　这个阶段男孩们也要学习处理一个两难选择：他们既要学习成为团体的一部分，同时也要开始学习应对团体中的同伴压力（peer pressure）。这的确是一项艰难的任务，因为这个阶段的男孩通常很难扛住来自同伴的压力。有时他们即使发现某个集体行为是错的，也依然会选择从众。所以作为一个父亲，你需要看到孩子的归属需要，同时也要教他们在面对某些集体行为产生的压力时，保有自己的底线。哈珀·李（Harper Lee）的经典小说《杀死一只知更鸟》（*Kill a Mockingbird*）中的阿提克斯·芬奇，就是这种父亲的一个绝佳典范。在美国南方的一个小镇上，种族偏见和种族隔离的价值观甚嚣尘上，在这里，只有芬奇坚守着自己心中的正义。他身处潜伏期的孩子们，在看清了是非曲直以后，同样也和父亲一道抵抗来自整个社区的种族主义压力。

　　这个阶段的男孩若想有健康的发展，一个指导性父亲角色的存在至关重要。如若父亲缺席，很多男孩就必须自己单独应对潜伏期，这会导致他们将来与工作相关的自尊和自信明显不足。这种自尊和自信的匮乏，转过头来又可能让他们在接下来的童年期，甚至在整个一生中，都怀揣着一种一直想要获得某位男性指导的"父亲饥渴"。

　　要知道，无论一个男孩的具体兴趣和才能是什么，一个具备指导性的父亲总能够将它们识别出来，并且帮儿子发展出必要的技能来发挥这些兴趣和才干；与此同时，指导性的父亲又可以给儿子提供足够多的现实反馈，从而让儿子敢于去实现自己的野心，敢于在公众面前展示自己的才华。

　　卡洛斯是一个和我工作了几年的 18 岁年轻小伙子，他一直缺乏一个指导性的父亲，尤其是在潜伏期阶段。他的父亲待人疏远，评价性很强，而且在卡洛斯 7 岁的时候离开了家庭，而那正是卡洛斯在才华、技能、野心等方面最需要指导的阶段。由于缺少了父亲的鼓励，卡洛斯难以发展出坚毅的品质，好在他最终在音乐中找到了慰藉，而他在此中也深具才华。奇怪的是，他虽热爱编曲和演奏，但始终不愿在人前展示。直到获得一位音乐教师的鼓励，他才在初中的才艺秀上了登了一次台。尽管如此，他依旧十分害怕被评价，担心自己的音乐会被别人说成是"没什么了不起的"。

尽管存在着这些恐惧，但当我第一次见到卡洛斯的时候，他已经写了很多首摇滚歌曲，而且还受到社区大学粉丝们的热烈追捧。在我们的一次谈话中，他一边不可思议地大笑，一边兴奋地告诉我："我演出结束后，被要求返场再唱了三首，我的歌他们好像怎么也听不够。"但是当我邀请他唱给我听的时候，他却拒绝了。他不想我听他的歌，原因可能是，他当时太过信任和依赖我，甚于世上任何其他人，所以他害怕我说他的歌太肤浅或者歌词太矫情什么的，他估摸着自己的父亲——那个既对音乐不感兴趣又善于打击人的男人就会这么说。他当时信誓旦旦地认为：一旦他把自己的音乐才华展现给我，我俩关系中某个宝贵的部分就会遭到永久性的破坏。

我们一直试图理解他在这件事中的恐惧情绪。在很多次咨询以后，我们终于明白他之所以拒绝让我听他的歌，是因为他先入为主地认为一旦这么做，就会遭到我的打击：我在听了他的音乐以后，很可能会对他感到失望，而我的失望对深受"父亲饥渴"折磨的卡洛斯而言，不啻一个毁灭性的打击。所以他把自我打击投射到了我身上，认为我也会打击他，而这种投射是为了让自己不再遭受被重要之人打击和背叛的痛苦。我们花了四个月时间，才让卡洛斯安心地放了一张他新录的 CD 唱片给我听，在这次分享之后，我们一起为他的创造力而欢呼，当然，也为他打破了自己的心理障碍而欢呼。

一个群体也需要积极的父性指导（paternal mentoring），这在威廉·戈尔丁的《蝇王》(*Lord of the Flies*) 一书中被表现得淋漓尽致。《蝇王》这个故事讲的是，一群没有人指导的潜伏期和青春期早期男孩因海难被困于荒岛，最终因为绝对的自由，以及缺乏限制和律法而酿成人道灾难的故事。在这个故事里，男孩们对于父亲形象的渴求被隐含在他们所创的猪头崇拜仪式当中。在小说的结尾，直到象征着缺席已久的父亲——一个英国海军军官登岛后，男孩们的谋杀行为才被制止，秩序才得以恢复，救赎才得以开展。

勤奋感的培养

6～12岁的男孩会开始看重自己究竟有多少创造能力，为了创造并获取成就，他们会聚焦于自己的勤奋感和胜任感。他们喜欢觉得自己有用，喜欢忙碌感，喜欢做事情，并且乐于把自己的规划和行动与人分享。通过完成一些有目标指向性的活动，他们会感到自己获得了迈入令人向往的成年男性世界的门票。也就是说在这个阶段，他们会通过做事情来挖掘乐趣。

潜伏期的男孩会对掌握事物的操作原理极感兴趣。他们会一心想着怎么让自己变得有用。在这个阶段，父亲若要关心儿子，就可以跟他们合作做一些有创造性的事情。根据儿童及青少年精神病学家詹姆斯·赫尔佐克（James Herzog）医生的说法，父亲要和儿子一起开启"干活"模式。[5] 理想情况下，能把儿子想干的活儿干好的父亲，会被儿子知觉为一个有技巧有能力的男人。长此以往，儿子会把男子气概和行动能力紧密地联系在一起：男人不只想事情，他还能把想的事情给办了！我相信耐克的口号——"就是干！"（Just Do It!），展现出的就是童年中期的这种实干精神。

这个年龄阶段的男孩需要体验到一种胜任感和骄傲感，所以父亲的关注和欣赏在此阶段显得尤其有分量。潜伏期男孩会十分在意父亲对自己创造性活动的反应。当然，虽说父亲是最重要的指导者，但男孩们在这个阶段也会寻求老师、其他孩子的父亲，以及消防员、警察、建筑工人等典型男性职业从业者的指导。

教孩子熟练地掌握某个技巧，其实并不容易。也有很多男孩在父亲试图指导他们的时候会耍脾气。在这种情况下，父亲自然会想到退却，他心里可能会想：好好好，你翅膀硬了，也不用我教了，那我也懒得在你这里自讨没趣。然而，只要这个父亲不放弃，始终温柔而坚定地守在儿子身旁，鼓励他去学习新事物，那么这个男孩迟早会发现：原来我在老爸的陪伴下可以完成这么多以前想都不敢想的事情，我要是只想却不做，又或者只是靠我自己，那么这些事情肯定是完成不了的。

一个孩子靠着自己的现实感和逻辑性完成任务，而在完成了以后，他们会获得一种"我胜任"的体验，以及一种被著名精神分析学家爱利克·埃里克森（Erik Erikson）称为"勤奋感"（sense of industry）的心理感受。[6]

还有一个非常重要的点——父亲要允许儿子在难度大的任务中挣扎，在某些情况下，更要把他们的失败视为成功。我们发现：这种虽败犹荣的体验，是一个男孩从观察他父亲应对自身弱点、失败以及局限性的过程中学习到的。能体认到父亲的不完美，比把他视为一个全能英雄要重要得多。实际上，男孩以后若想获得某种克服困难、弱点以及自己局限性的心性，他就必须学习并内化自己老爸对错误和挫折所持的态度，并将其作为自己将来应对困难的情绪榜样。

我自己的例子很能说明这个论点。我有一次充当女儿玛雅的篮球队教练，而我的儿子阿雷克斯当时才 8 岁，他在场边观战。比赛打到最后一刻，裁判做出了一个极为明显的误判，结果我当时就爆了，裁判看到我的过度反应，当场就给了我个技术犯规。托这个技术犯规罚球的"福"，我们最终输掉了比赛。在开车回家的路上，我们一路上都在惋惜这场球最后因为裁判的不公而输掉。大家伙也笑我当时反应太大，结果把局面搞得不可收拾。而我呢，也承认了自己的错误行为——我相信这一路上的聊天把我和孩子们之间的关系拉得更近了。因为我坦承了自己的局限，而之前我在篮球方面表现得像个顶级专家。在以后的好几年里，儿子都喜欢拿这个事儿来揶揄我，他总是让我重演当时对裁判大吼大叫的事情。以至于今时今日，每当我情绪发作的时候，这小子都会带着小揶揄小兴奋，开玩笑地问我："老爸，你还当自己是个心理学家吗？"

一个父亲，一方面要敢于承认自己的局限，自己也会犯错误；另一方面他也要在儿子失败的时候，继续支持儿子，而非在他失败时奚落他，落井下石。只要这两点能够做到，他的儿子就能在困难和挫败面前保持一股信心，甚至是一股骄傲。以这种方式教儿子的父亲，就是在允许儿子做一个可以犯错的正常人，这种正常人敢于表达自己情感的脆弱性，而且因为没有"完美"的偶像包袱，他敢于去面对身体和智力上的各种挑战。

一个儿子，在仰望自己不完美的父亲的同时，他也内化了父亲对待自身局限性的态度，长此以往，在他的心里会逐渐形成一个更加现实的、没有那么高不可及的理想化自我。这种类型的男孩不会那么执着于以原始自恋为基础的"完美"。因为不执着于此，所以会更加接纳自己。

要知道，如果你是一个纸糊的超人，那么纸上的任何一个小洞，都可以把你毁掉。[7]

我这里有一首小诗，它是一个 7 岁男孩所作的，这首诗的题目是"送给我爸爸的一首小诗"（A tiny poem to my Dad）。在这首诗中，一个男孩对自己爸爸脆弱性和力量感的完整体验，被表达得淋漓尽致：

> 你是一个坚强的风筝
> 等待着风的来临
> 你是甜甜的白雪
> 深爱着我
> 你也是一只受伤的老虎
> 需要我的帮助 [8]

父亲不愿承认自己有缺点，等于就是在告诉儿子：男人不能有弱点和局限，更不要示弱！这种父亲带出来的男孩，会潜意识地维持一种全能错觉（illusionary sense of omnipotence）—— 这是大男子主义的心理基础。当你发现自家的男孩，对自己不怎么擅长的活动不再感兴趣，也不愿再去尝试的时候，他就已经开始在表现这种大男子主义了。这种心态会严重地限制他们，也是出了名的扼杀创造力。可悲的是，很多男孩，在他们的童年甚至成年以后，都会莫名其妙体验到一种限制感，这种限制感只允许他们去做那些业已擅长的事情，而余者，最好不问。

父亲怎么教儿子，和教什么一样重要。一个父亲越能共情儿子的需要，他就越能做到因材施教。他会逐渐明了儿子一次性可以吸收多少东西，他会明白要通过哪个管道来教：智力的、视觉的还是肢体的，以及什么时候儿子会停止学习。有了这些了解后，他就能更好地让儿子劳逸结合，他会明白怎么去鼓励儿子独一无二的才能，怎么去识别儿子已经做出的努力。一个了解儿子学习习惯的父亲，也可以把自己的理解与儿子的其他指导者（孩子的妈妈、他学校里的老师、他的足球教练或者音乐老师）分享，从而帮助他们以最有效的方法指导和教育自己的孩子。

父性指导，做起来比说起来难。我有一个名叫弗雷德的病人，他最近跟我描述的一段他和儿子的互动，就很能说明这种困难。弗雷德是一个电器商店的经理，他的儿子吉米今年 10 岁。弗雷德告诉我，每次吉米想看 DVD 的时候，都会把老爸叫到娱乐室帮他开机。终于有一次，弗雷德对吉米说："嘿，吉米，我有个好主意。咱们一起把开机过程走一遍，这样下次你自己就知道怎么开 DVD 机了。"吉米拒绝了，他坚持让老爸帮忙开机。

这一次，弗雷德不为所动，他告诉吉米，他希望吉米自己能学会开机。结果吉米跟弗雷德杠上了，他再次拒绝。在这个点上，弗雷德还真想帮儿子开个机算了，起码比现在这样耗着省事省时间。但是，这次他没有放弃自己的立场，他告诉吉米："如果你今天学会了开 DVD 机，那么以后你什么时候想看，什么时候就可以自己开。"

"爸爸，你就开一下嘛。"吉米发牢骚了。此时此刻的弗雷德真的感到不耐烦，他工作了一整天，此时此刻心里想的就是赶快把机开了，然后倒在沙发上好好看个报了事。但是在咨询中，弗雷德骄傲地告诉我他这次维护了自己的权威，即使吉米一直抗议，他也始终未妥协，而他的坚持最终获得了回报。吉米心不甘情不愿地同意了学习，而后来跟老爸学习开机的过程也谈不上多开心。但是几周以后，吉米可以娴熟使用 DVD 机，还有整个家庭娱乐系统了。弗雷德告诉我，他看到吉米每次自己动手使用娱乐设备的时候，这小子脸上都会浮现出骄傲的神色。

＊   ＊   ＊

以父为师，以儿为徒的意向，存于世上最古老的神话之中。13 世纪苏菲派神秘主义诗人鲁米（Rumi）的诗歌，就反映出了男孩身上这种热切的渴望：他们需要从父亲那里获得某种必要的指导，从而用以掌控自己的生活：

> 你是从悬崖峭壁上滑翔而出的苍鹰，
> 你是在森林中兀自独行的猛虎，
> 你捕食的英姿最为俊朗。
> 切莫迷恋夜莺，亦莫沉迷孔雀，
> 它们一为声，一为色，如是而已。[9]

帮助儿子调节学习过程中的情绪

男孩若要精通一些特定的技能，就需要学习调控自己的情绪，特别是当这些情绪过于强烈的时候。如果情绪失控成为常态，寻获胜任感就成了痴人说梦。但父亲并不是要让儿子忽略或者压制自己的情绪，而是要提醒儿子对它们加以关注。如此一来，男孩就会为了达成特定的目标而开始学习如何升华自己的情绪。

在这个阶段，父亲要帮助儿子转换情绪强度来达成升华情绪的目的。潜伏期的男孩和爸爸打闹，可不只是像以前那样释放雄性激素。现在父子之间的打闹的意义要复杂很多，在打闹过程中父子双方会下意识地搜寻对方发出的身体信号。一个对儿子敏感的父亲，会发现这个阶段的儿子实际上在密切观察老爸的行为，从而用来指导自己的行为，所以一个父亲在和潜伏期的儿子打闹的时候，要调控自己的反应——既要能放得开，也要能收得住。

因为父亲的调控，潜伏期的父子打闹会变成一个现实生活的试验场，男孩可以借着跟老爸打闹去体验用多大的力气算是太过，去判断对方到底是在闹着玩还是真的来情绪了，去试验怎样打起精神和强大的对手对抗。假以时日，男孩会把和老爸打闹过程中理解到的身体信号，用到和其他人的互动中去。所以父亲教儿子，不仅是言传，还有身教。在经典的父子共同活动和游戏之中，儿子会把父亲作为一个榜样，来学习他对强烈情绪和困难情境的应对态度和行动方式。

父亲帮儿子学习驾驭情绪的另一种形式，就是向儿子展现心理学家卡罗尔·吉利根（Carol Gilligan）所说的"男性道德模式"（male mode of morality）——相比于女性的道德注重关系和联结，男性的道德更注重规则、公平、正义等抽象原则。[10]

举个例子，有个叫查德的 7 岁小男孩在学校里犯了个疏忽：他本应该要带一张有父母签字的字条到学校，来邀请一个好朋友到家里玩，没有这个字条好朋友就来不了——结果他偏偏忘带了。回到家之后，小查德满心不安，他对朋友不能来感到很丧气，也担心好朋友生自己气，因为自己把原本计划一起玩的整个下午给毁了。

妈妈在跟他谈话的时候，希望他想一想自己这样做会让朋友失望，甚至会伤害他的感情。她在这么说的时候，实际上就是在向小查德强调情感和关系，根据吉利根的观点，这两者构成了女性道德感的基础。而小查德的父亲则强调男孩一诺千金的重要性——你已经答应了人家带我们的字条去学校，这样你的朋友就能过来，现在你没做到，这就是食言，不守承诺。他在教育儿子的时候，更强调让儿子"按规则做事"，要遵守公平处事和公正原则，要学习在某些框架内行事，等等。

但是话说回来，过来人都知道：一个父亲，根本无法完全控制此阶段儿子正在萌发的好奇心和行为上的冲动，希腊神话中代达罗斯（Daedalus）和伊卡洛斯（Icarus）这对父子的故事，就是在提醒我们这一点。

代达罗斯是一位发明家和技艺精湛的工匠，正是他设计了复杂的克里特岛迷宫（Labyrinth）。但是事成之后，他和自己的儿子伊卡洛斯却被困在了克里特岛。为了逃离克里特，代达罗斯用羽毛和蜡做了两对翅膀，并且在启程之前煞费苦心地教儿子如何使用："你飞得太高，离太阳太近，蜡就会融化，那样你就会掉到海里去，而如若你飞得太低，离海太近，羽毛就会被水打湿变得太重，结果你同样也会落水。"最开始，伊卡洛斯还是谨遵着爸爸的教海。但是后来他沉醉于飞翔带来的兴奋感之中，开始操纵翅膀向高空急升，结果正如父亲所告诫的那般——蜡被融化，而伊卡洛斯也坠海身亡。

我相信代达罗斯不是第一个，也绝非最后一个倾尽了全力指导儿子，最终发现自己满腹经验却只遭来儿子拒绝的父亲。我认为，做一个父亲，尽力教便好，至于教得好还是教不好，则不完全在我们的掌控之内。承认自己指导能力有限，也实在是身为人父，最难咽下的苦水之一。

鼓励儿子的抽象思维

父亲对儿子的认知发展有重大影响。要想理解这层道理，我们得从原型角度（archetypically）来审视一下"父亲"这个词，指代的究竟是怎样一种男性。根据卡尔·荣格（Carl Jung）和雅克·拉康（Jacques Lacan）等精神分析学家们的看法，所谓"父亲的原则"，指的就是秩序。[11]

父亲代表秩序，这是西方文明的一个古老主题。试想古希腊神话中的宙斯，北欧神话中的托尔（Thor），哪个不是被尊奉为"天父"，端坐于万神殿统治着诸神和凡夫？再让我们来看看《圣经新约》中《约翰福音》的开篇词——"太初有道，道与上帝同在，道就是上帝"，在这里，代表着秩序和语言智慧的"道"（Word），就是上帝或者天父在创世之初，所造之第一物。

为什么西方文明如此看重语言？穷其本质是因为：律法只有通过语言才能被制定出来。没有律法就没有秩序。没有秩序，人一辈子就只能在原始的、未分化的潜意识欲望、感受和念头中打转。所以在传统意义上，父亲不只拥有语言能力——他的权威本身就是被语言所赋予的。拉康的术语"父亲的法律"（Law of the Father），指的就是父亲通过打破孩子和母亲之间的共生联结，把孩子引入到象征性思维世界中的过程。我们常说，母亲把儿子带入到情感的世界之中，所以母亲总和情感联系在一起；父亲的角色，则是教儿子用语言来理解和表达情感，从而使他具备更高级的心理功能。简而言之，语言可以帮助小男孩发展出一种延迟满足自己需要的能力，从而帮他从需要即时满足的母性世界中分化出来。

沿着这个思路我们会问，一个儿子想从父母那里分别习得什么？他和父母亲的关系形态具体有何不同？这两者最重要的决定性因素，并不是一个家庭中父母亲双方具体的性格和气质。即使在一个家庭中，母亲是更加理性和高智商的那一方，而父亲则是更加冲动和更敏感的那一方（因为父亲和母亲在文化中所代表的职能不同），一个儿子仍然会期待父亲给自己的世界带来秩序，尤其是潜伏期的男孩更会如此期待。之所以会这样，是因为无论母亲多么聪明，多么有能力，她和儿子之间的关系仍旧是以最初的生理联结为基础的。我们要知道，一个儿子想要和母亲分化，他必定会经历冲突；他一旦经历冲突，必会找父亲帮忙。所以男孩要想长大，变得母亲有所不同，那么他必定得找父亲——这个本就和母亲不同的男人，这个可以提供全然不同的视角看世界的男人。

然而，如果父亲无法运用自己的父性权威，无法教儿子通过使用语言来调节自己的情绪和冲动，那么这个男孩想要耐受强烈的情感冲突，并最终脱离母亲的情感世界就会变得难上加难。更有甚者，如若这个父亲通过诉诸暴力和躯体虐待，而非通过言语表达的方式来处理自己的情绪，那么终其一生，儿子都会受此残害。因为一般情况下，儿子很难不在心中内化一个"施虐的"父亲——一旦内化了这种父亲，那么儿子终其一生都不得不潜意识地组织起自己的防御，来和这个内化的父亲来回往复地拉锯。

诚然，很多遭受过躯体和情绪虐待的男性都会潜意识地认同施虐的父亲。他们在与自己的伴侣及孩子相处的过程中先会施虐，之后又会对此感到强烈的内疚和痛苦，以至于长时间地在"施虐 – 内疚 – 再施虐 – 更内疚"的"虐待循环"（cycle of abusive）中循环往复难以自拔。

但是，另一些男性会尽己所能不让自己变为自己的父亲——他们会否认自己与父亲有任何相似性，好让自己走上一条截然相反的路。但是这也非常困难。内化的施虐型父亲形象通常会被储存在潜意识中，并仍然保持活跃，因此这些男性必须时常对抗之、防御之——这会使他们的自我批判变得过于强烈，进而导致抑郁。所以，我们才说施虐的恶性循环难以打破。如果真要破除，那么，一个男人通常需要在专业人士的帮助下，真正深入地探查自己，并最终能在意识层面上直面父亲的施虐行为给自己所造成的身心伤害。

一个男孩，如果他的父亲无法使用语言建设性地处理自己的强烈情绪，而总是诉诸暴力，那么这个男孩在长大过程中不但会害怕自己的父亲，而且还会害怕自己身上存在的哪怕一星半点的攻击性。这些恐惧会让他变得过度依赖自己的母亲——因为只有妈妈，或者说只有女性看上去才是安全的，而男性则意味着不可控的危险。

我有一个名叫彼得的来访者，他年过 40，离异，是一个 9 岁男孩的父亲。虽已过不惑之年，但依然拥有男孩般俊朗的容颜。即使身为一位成功的艺术家，他也总还是感到孤独甚至抑郁。彼得会把自己形容为一个"迷了路的小男孩"——害怕冲突，不敢表达自己。他很讨女人喜欢，她们会被他的温柔所吸引，但是交往一段时间后就会厌倦他的被动，觉得他没担当。他渴望拥有男性朋友，也苦于自己虽作为一个父亲却无法对自己 9 岁的儿子产生积极影响。

在我们工作的早期，彼得告诉我他小时候被父亲的暴力给吓坏了。父母在他 8 岁的时候离婚，他的母亲虽然弱势，但在日常生活中却很有侵入性，这导致彼得没法和她树立任何边界。有一天，彼得含着泪回忆起了一个创伤性事件：就在爸妈离婚以前，爸爸和舅舅恶吵了一架。虽然没人受伤，但是爸爸在气急败坏的时候掏出枪朝着天花板开了几枪！回忆起这段的时候，彼得全身颤抖，就好像那几声枪响，那几个天花板上的弹孔依然历历在目一样。彼得告诉我，他后来一直没有走出这个恐怖事件的阴影，他一辈子"都被那几声枪响和爸爸的暴怒所缠绕"。更有几次，父亲在喝醉酒以后直接打了彼得，尤其是在他壮着胆子表达不同意见的时候。说完这些以后，彼得看着我，他悲伤地说道："我需要表达愤怒，我需要对你愤怒，我对生活中的很多人都有愤怒，但我表达不出来，我做不到，我怕是永远都做不到了。"

内心深处，彼得渴望获得一个强势但懂得节制的父亲，这个父亲可以用语言来表达强烈的情绪、冲突，还有爱恨，而不是诉诸暴力。他的父亲没法提供这些父性功能，所以在彼得的成长过程中，他既耐受不了负面情绪，也没办法用语言来表达它们。他尤其害怕自己的攻击性，因为在他的记忆中，男性的攻击性根本不可控，只会带来破坏和抛弃。

随着分析的继续推进，彼得开始在和我的关系中重新体验到他对父亲的感受——他痛苦于对我有愤怒。当我邀请他探索这些情绪时，他告诉我："我不敢对你有不满，因为一旦有不满，我就会变得愤怒，一旦我变得愤怒那就会摧毁一切。我会变成一个充满着暴怒，而其他什么也不剩的空壳，就是这样。"

我意识到他之所以害怕对我表达愤怒，也是因为担心我会失控并且报复，而我最有力的报复就是抛弃他，正如他父亲曾经所做的那样。彼得的成长，所需要的是一个既可以用语言来调控自己情绪，又可用它来调控儿子情绪的父亲。换句话说，他现在需要一个可以直面其攻击性和愤怒表达的分析师，一个不会因其愤怒的言辞而离弃他的人。在这种安全的关系中，彼得将学会耐受自己的强烈情绪，并最终打开那条用语言表达情绪的发展通路。如此一来，愤怒就不是只会导向暴力这一条道路了。

幸运的是，虽然我们的分析比较漫长，但它终归是成功的。在分析中，彼得（和我）得以耐受他身上"更阴暗"、更消极、更有攻击性的一面——他获得了用语言直接把这些部分表达出来的能力，并最终把这些部分整合到了自己的人格中去。其结果就是，在和自己青春期儿子的互动过程中，他敢于使用自己的父性权威来为儿子设定合适的边界了。他今天能够冷静却坚定地这么做，真是殊为不易。彼得的父亲从没有示范过如何调控自己的情绪，而彼得却做到了——如此打破了虐待的恶性循环。

彼得的故事告诉我们：父亲指导儿子调节情绪最重要的方法，就是教他通过语言来表达情绪，这也为后来儿子的抽象思维发展奠定了基础。瑞士发展心理学家皮亚杰把儿童的这个阶段称为"具体运算阶段"（stage of concrete operation），他指的是儿童在此阶段会从想象和幻想世界，迈入到逻辑和现实的世界中。[12] 在更早期，儿童有了需要就要立即见诸行动；现在，他们开始用语言和概念来调控这些需要。这可以帮助他们获得更多心灵的平静。

我曾经目睹过这样一件事：罗尼是一个 10 岁的小男孩，在自己的少年棒球联盟队伍里做接球手。有一次，在一场异常激烈的比赛结束后，罗尼拒绝退场。他一直在强调最后一球对手出界了，不是好球，因此自己的球队本来还有一次扳回比赛的机会……到了最后，所有人都离场了，只有罗尼一个人在休息区生闷气，拒绝离开。

接下来，罗尼父亲的行为和言语，着实让我吃惊了一把。只见罗尼爸爸等了罗尼一段时间，然后他走向自己的儿子，对他说："儿子，输了一场比分咬得这么紧的比赛真的不好受，你可以生气，我理解你很生气。但是我想说的是，在赢你的人面前发飙，真的不好看。他们赢了就是赢了，赢家需要得到尊重。孩子，这就是我们所说的体育精神。好了，我们现在回家，你回家生气没问题，但现在我需要你冷静下来。"

最开始罗尼并没反应，但是几分钟之后，"体育精神"这个词似乎对他产生了作用。作为一个男孩，在和父亲有些许交流之后，他明白了有一个词被叫作"体育精神"，而这种精神是他应该去追求的。这个词和这种精神，实际上是教他在何时何地表达强烈情绪才会恰当，才会不失尊严。

这标志着男孩开始学习通过理解语言的力量，来调节自己的情绪。在本书第 3 章中，我们谈到了父亲克劳德通过语言让他的儿子罗杰明白：妈妈只是生他倒牛奶这个行为的气，但并不是恨他。而在这里，罗尼的爸爸实际上也是在教儿子：当你面对失望和失落等情绪的时候，其实有多种应对方式，本能的情绪反应只是其中一种，它并非全部。

一个父亲对儿子认知发展的影响可以持续其一生。贾尔是我的病人，最近他在分析中常提及自己的父亲。他的父亲在贾尔 15 岁时去世，而且父亲在他 9 岁的时候就抛妻弃子离开了他们，这让贾尔到现在都不能释怀。但是在谈及自己父亲的时候，贾尔还是承认父亲在生前，留下了一个非常重要的"礼物"给他，那就是思考的能力。

"在他们离婚后，我就很少见到我爸，"贾尔回忆道，"但每次我们见面，我们都会讨论怎么做事情。他会告诉我不能只看表象，分析事情要有深度，质疑权威很重要……总之他教会了我怎么使用批判性思维，而我现在每天都在用这种方式思考。你知道，就这一点来说，我心里还是感激他的。"

父亲可以从儿子那里学到什么

学习从来都不是单向的。我们经常看到：父亲从他们潜伏期的儿子那里可以学到对事物的掌控力，学习情绪调控，甚至重获失落已久的娱乐精神。更重要的是，老爸在帮儿子完成童年中期的身体、认知、情绪发展任务的同时，也可间接满足自己的继续成长需要，并让自己更具有对生活的掌控感。再一次强调：父亲积极参与养育，不但儿子受益，父亲自己也将获得大大的成长。因为在这条彼此扶持的路上，儿子总能"教会"父亲一些重要的人生课程。

比如我的来访者乔治，他几乎每周都会去儿子伊凡的学校，到露天球场看儿子踢足球。伊凡11岁，单簧管吹得特别棒，而且学习也很好，但是运动能力嘛，相比之下就很一般了。所以伊凡通常在场上只踢那么几分钟。但是这孩子不上场则已，一上场就拼命。这种拼命的态度，再加上他身上的那种幽默感，终于还是让伊凡赢得了队友们的尊敬。

有一次比赛踢得特别激烈，而就在两队相持不下的时候，伊凡有了两次严重犯规。这些犯规让乔治坐不住了，尤其是看到另一队的父亲几乎在给儿子庆祝胜利的时候，他当时真希望一走了之。但转念一想，伊凡现在肯定很想他能留下。

他留下了。伊凡最后的那个失误果然还是让他们输掉了这场比赛。赛后，乔治走向自己的儿子，他告诉他："儿子，我依然为你感到骄傲，虽然输了，但我看得出你多努力，你一直没有放弃。我觉得即使一个男人有错误和局限，也不会因此放弃自己的目标，这是需要勇气的，这是很重要的，儿子。"

几天之后，乔治在自己任职的建筑公司有一个项目已经过期——虽然一直在赶工，但项目终究没完成。他感觉糟透了。在一个因失眠而辗转反侧的晚上，乔治想起了伊凡几天前的足球赛——他想起当时，即使连作为父亲的自己都感到非常没面子，儿子还是在场上坚持。他突然对儿子充满了尊敬，他同时也想起自己当时对伊凡所说的话："我觉得即使一个男人有错误和局限，也不会因此放弃自己的目标。"乔治顿时明白了自己从11岁的儿子那里学到了什么。他告诉自己："是的，我也有自己的局限，这件事真的被我搞砸了。但是不用在意，我知道自己要什么，明天我就要重回正轨。"想着想着，乔治便安稳地睡着了。

*   *   *

我们发现：那些在团体活动和体育运动中给儿子以指导的父亲，常常也会唤醒自己身上好玩的、富有娱乐精神的那一面。可能每个男人都有过那一面，但后来，我们需要竞争升学，需要努力找工作，让自己赶快成熟从而好成家立业。在这些过程中，我们逐渐将自己身上的那个小男孩置于一旁，不再理会。

但是，和儿子在一起的父亲，尤其是那些平时不太与人交往，或因工作而忙得灰头土脸的父亲，常常可以找回自己身上曾经拥有过的那个男孩。那个男孩也曾贪玩、执拗，喜欢竞争。他小时候也曾玩到天黑才回家；长大一点后他也曾和朋友们打棒球到深夜；又长大一点后，他曾和自己的哥们儿通宵达旦地聊女孩，聊车子和球赛；再长大一点后，他和兄弟们一边喝着小酒，一边争论着将来，你我要过怎样的人生。就是这个小男孩，会在你和儿子的互动中，重新被唤醒，再次鲜活。

如果父亲能够作为一个指导者高度参与到儿子的成长中来，那么潜伏期无论是对儿子，还是对父亲来说都会如田园牧歌一般美妙。父子两人可以分享彼此间的友谊，乃至男性之间有如兄弟般的彼此欣赏。

是的，潜伏期的父子可以在地下室一起做木工，可以在后院你来我往地打球，好一幅田园牧歌景象。然而令人有些感伤的是，这些欢愉终将逝去。随着日子一天天过去，孩子一天天长大，潜伏期的男孩，终将成长为一个青春期的翩翩少年。

在接下来的青春期，父子关系将会迎来前所未有的挑战。

第 6 章

青春期

从英雄到狗熊

你千万别跟任何人谈任何事情。你只要一谈起，就会想念起每一个人来。

——J. D. 塞林格（J. D. Salinger），《麦田里的守望者》[1]

不可理喻、动荡不安、狂喜入迷、循规蹈矩、绝望不堪、罔顾一切、疯狂——所有这些词，都还不足以形容情绪激烈，激素分泌过多，时而心潮澎湃，时而忧郁难当，情绪犹如坐过山车般骤升骤降的青春期。

青春期孩子的心境难以捉摸，更不要说去耐受了。他们时而自我崇拜得有些夸张，时而又戏剧性地自我厌弃乃至绝望；他们可以对同一个对象，同时灌注炽热的爱和强烈的恨；他们时而痴情狂热，时而冷若冰霜；他们时而卷入太深难以自拔，时而拂袖而去遁入遐想。

青春期的孩子既要面对自己身体的变化，又要驾驭汹涌的欲望，而且他们的心智也在转变之中。而男孩在此阶段，更是有三重任务要去完成：①整合青春期的所有变化，从而开始构建属于自己的身份认同（identity），回答

"我是谁"这个问题；②进一步与家庭进行分离－个体化，这一次，尤其是与父亲进行分离－个体化；③开始学习处理人生的丧失感。

所以父子关系在青春期将无可避免地产生重大变化。父子携手走到青春期，如果这个父亲参与度够高，是一个足够好的父亲，那么他和儿子的关系到现在为止，在很大程度上会是意气相投、惺惺相惜的。孩子刚进入青春期的时候，这层联结也会延续之前童年阶段的热度，不会出太大的幺蛾子。但是随着青春期的充分展开，儿子对父亲的情感体验将会变得更加捉摸不定，难以预测。

但我刚才也说了，青春期早期的男孩，还是会仰视自己的父亲，也常常把父亲理想化，因为他们这时还是初次面对身份认同问题，依然满是困惑，亟须父亲的指导。他们承认也好否认也罢，在他们心里，这个时候就是相信老爸最强、最棒、最巧、最搞笑、最机智、开车最牛，等等。

父亲在儿子青春期早期需要做的，就是接受儿子的理想化，但不要太放在心上。因为很快，理想化就会转为矮化。从青春期中期开始，男孩将会更多地表现出对父亲的挑剔。当然这还只是刚刚为后面打个基础，到了青春期后期，男孩不但会疏远父亲，而且会贬低他的权威。

儿子的青春期，也是父亲的困难期。因为父亲此时，一般也会步入中年。人到中年通常会生出不少苦闷和焦虑，很多意料之外的事也可能在此阶段发生。当他们发现自己的儿子不再是以前那个"小男孩"的时候，他们也会发现：自己亦不再是曾经那个年富力强的自己了。他们现在要和青春年华的逝去、性功能的失去、退休，甚至逐渐映入眼帘的死亡可能性进行抗争。与此同时，当面对青春期儿子纷繁复杂的情绪洪流时，他们和自己父亲之间的那些悲欢离合的记忆又会被栩栩如生地激活。

所以在这个阶段，虽然父子两人经常不认可对方，争斗也是常事，但其实两个人都是在各自处理相同的人生议题：身份认同、分化和分离、失去。

青春期男孩的身份认同问题

"我是谁？"对青春期男孩而言，这是一个相当困扰但又关键的问题。青春期的到来，意味着男孩需要开始形塑自己的身份。这个身份要相对稳定，要安全，同时也要具备一定灵活性。这并不是说男孩的自我（self）诞生于青春期（实际上它诞生于婴儿期），而是到了青春期，男孩会把"我"（me）和"非我"（not-me）之间的边界树立得更为清晰。

男孩在青春期有找寻自我身份认同的诉求，这一诉求需要得到某种程度的满足，这是因为男孩接下来的发展方向将会基于这种诉求。所以身为父亲的你，在此阶段的关键职能是：共情、接纳、支持儿子找寻他在这世界上的身份，同时也要为他的找寻过程设定恰如其分的边界。

但是男孩要在青春期找到一个可靠的自我身份认同，有时真是难于上青天。要知道很多男孩一觉睡下去，第二天醒来就发现自己和昨天不一样了：体毛变多了，生殖器变大了，刚一开口说话就发现声音变得低沉多了。同时，因为激素的爆发性分泌，那种熟悉但又让人不安的性冲动也急于得到释放。

面对身体的诸多变化，男孩会尤其需要一个理解这些变化的父亲来引导自己。女孩来月经是一件更明显的生理事件，所以她们中的不少人可以得到妈妈的指导，并在月经初潮之前就做好准备。遗憾的是，父子之间类似的指导和说明就会少很多。因为没有从父母那里得到过预警，所以男孩在面对初次遗精等生理事件时，会感到惊讶、困惑甚至羞耻。

青春期男孩的手淫冲动也会加强——面对自己日渐成熟的身体，手淫成为他们尝试性的一种方式。但这也会使他们怀有兴奋、困惑，以及对于自身边界和隐私可能被打破和暴露的羞愧。我们发现，在很多家庭里，青春期男孩和母亲吵得很厉害，比和父亲吵架都厉害。这是因为随着性的觉醒，男孩会对母亲重新产生乱伦念头，但这些念头会让他感到极度不安，以至于他不仅要逆反妈妈，还想切断和妈妈之间的所有亲密体验。所以他们在表面上会极其粗鲁地表达对妈妈身体的反感和厌恶，这其实是为了掩饰潜意识中对妈妈的性欲念。这些不被接受的性感受被牢牢地压抑在潜意识之中，而在现实中，他们也会对表面看上去和妈妈完全不同的女孩表达好感。

这些急速发生的身体改变会挑战男孩们对男子气概的理解，会撼动他们的性别角色同一性，甚至会动摇他们先前建立的性取向：我到底是喜欢男生，还是女生？要知道在这个阶段，他们先前已经被压抑下去的，针对母亲的俄狄浦斯乱伦欲望又会以幻想的形式浮出水面，而他们先前受到禁止的针对姐姐妹妹的性感受，也会干扰和刺激他们对女生的欲望。另外，因为十分渴望获得同性伙伴的友谊，他们甚至会想尝试和同性之间有性接触——这一切对他而言真是充满了困惑。所以这个年龄阶段的男生会很害怕被贴上"同性恋"的标签。他们之所以有同性恋恐惧症（homophobia），是因为青春期的男孩，其男性身份认同还很脆弱，这使得他们不得不用很僵化的方式来捍卫自己的"男子气概"。

这时候我们又需要父亲登场了。面对儿子的困扰，父亲应当鼓励儿子接纳自己对其他男性所产生的温柔甚至怀有爱意的感受，并把这种感受视为男子气概的一部分。要知道一个和儿子维持着安全，没有胁迫感，且充满爱意关系的父亲，本身就可以为这些感受正名（幸运的话，这种父子关系应该在很久以前就建立了）。另外，父亲可以让儿子放宽心，告诉他每个男性偶尔都会对自己的男子气概有焦虑，也都偶尔会担心自己是不是和其他同性走得太近——这很正常。

总之，父亲用自己和儿子之间爱的关系做出了一个巧妙示范：温情、充满爱的关系不会削弱一个男人的男子气概，相反它会丰富男子气概的内涵——如此一来，这就是一个父亲对儿子发展同伴之谊的最好的支持。所以，父亲在此阶段应该继续敞亮地表达对儿子的爱意，与此同时共情儿子在这个特定阶段担心被视为"同性恋"的焦虑。青春期男孩其实一直在找寻方法，来表达自己对挚友、喜爱的老师，以及其他男性的温情，所以他们会密切地关注自己爸爸在这个方面的所言所行，虽然他们可能表面上看上去酷酷的，一副毫不在意的样子。

然而，有些男孩成长到青春期，的确发现自己对同性有着强烈的情感和欲望，而且也可能真的是同性恋。这种情况，对于很多父亲而言是难以接受的。但是这些同性取向的男孩们，和异性取向男孩一样，也需要一个对自己有感情、理解自己的父亲来支持自己这个版本的男子气概的继续发展。相反，如果父亲对此是拒绝的、批判的、退缩的，甚至是做出一些行为来羞辱自己的儿子，那么这个儿子就会很难接纳自己，尤其是接受不了自己的性欲。

实际上，一个同性取向的儿子和他父亲的关系在青春期保持得越好，那么这段亲子关系就越有可能在孩子的青春期后期和成年期得到持续发展。而那些能够支持儿子同性取向的父亲，也会对"男人"这个词逐渐生成一种更微妙和更深刻的理解。

我这里有一个例子。我的来访者戴维是 14 岁男孩杰瑞米的父亲，他几年前在儿子的电脑上发现了一个同性恋色情网站，这让他着实心烦意乱。后来他又发现杰瑞米在和一个年龄更大的男孩交往。虽然他爱着自己的儿子，但儿子无论从哪个角度看都是个同性恋这个事实，还是深深折磨着他。

"杰瑞米很可能是同性恋，这对你来说意味着什么？"我问他。就是这一问，打开了戴维自己对同性恋恐惧和厌恶的自我探索大门。此外，他还谈到了自己所体验到的一种深切的悲伤——从杰瑞米降生的那一天开始，戴维就想象杰瑞米将来有一天会娶一个和他妈妈一样美丽的女人，他会想象看着儿子和这个女人步入婚姻的殿堂，然后他们有了自己的孩子，而自己则可以抱孙子。而他和杰瑞米的关系也会一直很紧密，每年夏天父子都会想着法子一起外出露营旅行……

随着时间的推移，我们发现戴维越是能够自由地表达自己曾经对儿子的期待和对他未来的想象，以及感受到因此想象和期待破灭而生的遗憾，他就越是能够接受杰瑞米同性恋的事实。虽然父子之间的关系经历了许多动荡，但两人最终还是接受了对方与自己的各种相似和不同。

高中毕业的那一天，学生会代表在全校师生面前感谢杰瑞米所创办的"同性学生联合会"，当他的名字被念起的时候，同学们发出了巨大的欢呼声——那一刻，见证这一切的戴维，成了一位无比骄傲的父亲。

儿子会唤起父亲的身份认同危机

青春期男孩的父亲不只要面对儿子的身份认同问题，还要面对自己的这个问题。青春期和中年期常常重合在一起，而人到中年，很多男人会开始反思一些自从青春期以后就再没有考虑过的问题："我儿子现在已经成为一个年轻人了，那我又成了谁？这个和我在一起这么久的女人，她都经历了什么？我的生活有意义吗？趁着还有机会，我要做出怎样的改变？"

很多男人直到儿子逼着他们回答这些问题的时候，才会开始正视自己的中年危机。乔来见我的时候，他 16 岁的儿子亚当正让他闹心得不得了，可以说处处都让他这个做父亲的"难堪"。乔告诉我，他和亚当一直以来都很亲密，但是现在他这个做父亲的却对亚当的校园生活和他刚交的女朋友一无所知。每次他想问问儿子情况的时候，儿子都会正颜厉色告诉他一切都很好，"而且不管怎样，这些都是我的隐私，所以不要问了！"紧接着，就是砰的一声关上自己的卧室门。

"你这个被宠坏的小屁孩！"有一次乔实在是忍不住了，他冲着亚当吼道，"我是你爹！我有权利知道你的事！"

"我看你只不过是一个离了老婆孩子就不知道该怎么活的叽叽歪歪的小

男人！"亚当隔着卧室门回吼道，"你都没有自己的生活，你的整个生命都围着我打转。你现在是不是要为自己找几个朋友，过上属于你自己的日子了？"

为了打造除了儿子这个身份以外的新身份认同，亚当把自己和爸爸之间的门重重地关上了，这扇门既是指他的卧室门，也是指他的心门。但是对乔而言，他看不到亚当这样做的成长性意义，他只能看到自己的失落，他悻悻地告诉我："我什么都给了他，而他现在竟然不想跟我有瓜葛，这个不懂得感恩的臭小子。"乔的悲痛就写在脸上，但是和大部分父亲一样，他现在只能体验到对儿子的愤怒。

我和乔继续探讨这个主题，情况越来越明显：亚当对他爸说的，基本上是话糙理不糙。实际上大多数青少年身上都携带着某种激光制导的"缺点探测器"——这让他们可以精准地"嗅到"自己父母身上的现实缺点，即使父母再怎么掩饰也没用。绕了一圈以后，乔痛苦地承认："唉，也是，我除了老婆以外几乎没有朋友，我的生活整个就是围绕着工作和养家在进行着，为了把亚当和他的姐姐乔丽拉扯大，我几乎付出了一切。事到如今，除了'打工人'和我自封的好爸爸身份以外，我还真不知道自己是谁了。"

这段由儿子的切实观察所引发的独白，成为乔个人分析的突破口。乔现在意识到亚当正在构建他年轻男性的新身份认同。而他自己呢，实际上也在处理自己的"中年危机"：面对这个正在老去的自己，乔也的确需要一个新身份了。他无法再躲在"好爸爸"这个核心身份认同之后，因为儿子已经长大，只是一个好爸爸身份已经不能再说明一切。所以，无论乔再怎么痛苦，也必须为自己打造一个新的身份。

在接下来的几个月里，乔捡起了摄影这个老嗜好。他每周日下午都会在自己的社区走街串巷地拍照。接着，在亚当上大学以后，父子之间还是会时有争执，但是乔可以通过在暗房里工作几个小时来慰藉自己。上次我听乔说起亚当，是亚当从法学院毕业的时候。乔告诉我，现在他和儿子的关系已经回到了彼此尊重但又亲密的状态。听到这里，我高兴极了。

这个例子告诉我们，有时候青春期儿子对父亲的戏谑甚至嘲笑，其实可以推动父亲面对自己的中年危机——人到中年，的确需要重新检视自己。我们也经常看到，在孩子离家以后，父母会出现所谓的"空巢综合征"（empty nest syndrome）。在这种现象底下深埋着的，其实也是中年身份危机问题。我们在下一章还会看到，母亲经常比父亲更早面对这个问题。

与父亲进行的"第二次分离－个体化"

青春期一路下来，随着青少年越来越维护自己的权利，越来越想要独立于父母，他们和父母之间的"心理脐带"（psychological navel cord）经过青春期早期的磨损、中期的弱化，最终会被切断。以研究青春期著称的精神分析学家彼得·布洛斯（Peter Blos）把这一过程命名为"第二次分离－个体化"。[2]我们知道男孩的第一次分离－个体化发生在学步期，那一次男孩是和母亲分化，从而进入父亲的世界中去。所以第一次分离－个体化，母亲承受冲击最大。而这一次，青少年是要和原生家庭进行整体性分化，从而形成独属于他自己的世界观。如此一来，父亲就成了主要的分离对象。

如果一个父亲，之前一直被儿子当成偶像来崇拜，那么这个过程对父亲来说会尤其艰难。青春期早期还好，受到崇拜的父亲经常会在儿子和妈妈吵架的时候充当和事佬，这等于间接地支持了儿子找寻新的身份认同。这个阶段父亲对儿子稚嫩的分化需要还是有直觉性理解的，通过表达这种理解，父亲可以让儿子（还有儿子的妈妈）觉得他的发展是正常无偏的。这样一来，父亲等于又像学步期那样做了一次"拯救者"，帮助自己青春期的儿子和他妈妈进一步分化。

但是青春期越往后，儿子越会感到和父亲之间的联结很幼稚，以至于和父亲连得越紧，自己看上去越退化，越像个小男生。这个时候剧情就要大反转了：儿子会变得不想和爸爸接触，并最终把之前对爸爸的理想化破灭掉。在这个过程中，他们常常会看到爸爸令人失望的一面，他的不称职、不公平，他的老态、邋遢、虚伪、局限和固执。往日的英雄，变成了今日的狗熊：父亲过往的权威，今日尽成齑粉。

我有一个同事曾经告诉我：他在 16 岁以前其实一直都在仰视自己的老爸，他觉得自己的爸爸很强壮，虽严格但又很公平，而且爱玩。但是 1969 年夏天，也就是他满 16 岁那年，爸爸和他大吵了一架，由此改变了两人之间的关系。

事情的起因是他决定和自己的朋友们一起自驾去参加伍德斯托克（Woodstock）音乐节，那可是摇滚乐的盛典。"爸爸当时听到我在电话里和朋友们做攻略，"这个同事回忆道，"当他穿着他那件睡衣走进我房间的时候，我真是给吓到了，我心想我爸爸的身形怎么缩得这么厉害？然后他开始解释为什么我不能去，因为他担心我的安全。我二话没说从椅子上站起来走向他——我感觉自己当时简直是耸立在他面前，我说'你担心的事情绝对不会发生的，我就是要去，你根本阻止不了我'。爸爸盯着我的眼睛，我俩都知道我说的没错——他阻止不了我。就在那一刻，我感到恶心，我为他的渺小、虚弱、无力感到恶心。"最后，这个同事悲伤地告诉我：这件事以后，他和爸爸在接下来的几年里，连一次像样的谈话都没有过了。

为什么青春期晚期的男孩需要贬低自己的父亲？因为在这个阶段他们要竭尽全力地找寻自己的身份认同，所以男孩们会根据自己的受欢迎程度、长相、才华以及聪明程度，不断地重估自己的自我形象。同样地，因为他们对自己的缺点也极其敏感，所以他们也很难不注意到自己父亲的不足之处。要知道，把愤怒转移到理想化形象崩塌的父亲身上，总比对这个既困惑，自我意识又脆弱的自己失望要容易得多，在很大程度上这也要健康得多。

在和父亲分离的过程中，有些青少年表现得好像要把自己对父亲的需要完全抹去一样。有不少青少年（尤其是之前和父亲关系十分紧密，又或者其父亲本身就比较喜欢管人或黏人）在这个阶段经常会出现弑父的念头。

虽然这种念头听上去很不可被接受，也经常被压抑在潜意识层面上，但大多数青春期男孩在和父亲争夺自主权的过程中，都会潜意识地感到自己正在弑父。

试举一例。唐纳德是我之前帮助过的一个病人，他来找我的时候 17 岁，前来治疗的原因是学习成绩下滑，而且大多数时间他都处在一种高度焦虑的状态之中。治疗开始以后，事情变得越来越明晰：原来他一直在担心自己做医生的父亲会突然死去，尽管在现实中父亲的健康状态极佳。

唐纳德常常会梦到父亲死去。有一次他做梦，梦到自己在开车，而父亲坐在副驾驶位子上。不久他们的车就和另一辆车迎头相撞。出事以后唐纳德自己还好，然而父亲却身受重伤。但是和往常的梦一样，唐纳德在这个梦里也是动弹不得，以至于他够不到掉在路边的手机，没法打电话叫救护车，结果只能在无助中看着父亲咽下最后一口气。你可以想象他醒来以后是多么惊慌。

不过随着时间的推移，我们逐渐可以理解到在他身上存有的两种矛盾心情：①他想从强势的父亲那里获得更多的独立；②一旦这样想，他就会害怕。唐纳德其实很害怕让父亲失望，担心自己无法追随他的脚步成为一个事业有成的专业人士。但是最终，唐纳德还是看清了自己的心理现实：他真的很讨厌自己过分在乎父亲的意见。唐纳德一方面想从父亲那里独立出来，另一方面他又不得不承认自己对父亲有着爱恨交织的情感联结——他越是能直面这种矛盾，他的焦虑水平就越低，而他的成绩也随之提升。

唐纳德逐渐接纳了自己作为一个青春期少年，想找到自己生活路径的需要。他的梦境也反映出这个阶段的男生时常会有的一种很自然的想法，以及伴随着这种想法而生的恐惧：我要"杀掉"自己的父亲，才可以变成一个独立的男人。[3]

对父亲的理想化破灭和分离的过程，对于青春期男生来说常常也是痛苦的，因为这会让他们感到空虚、失落、疏离而饥渴。他们会急切地寻找能支持自己的替代者。很自然地，他们会从自己的同龄人或其他成年男性那里去找寻父亲的替代者（substitute father），比如他们的叔叔、教练、老师，等等。

还有一些男孩会把和自己父亲特点截然相反的男性高度理想化，并加以崇拜，比如哥特明星、说唱达人、宗教禁欲主义者，又或者是与父亲价值观相左的政治领袖。但是，如果青春期男生和父亲的关系问题本就很大，那么这些男生就可能会把期待大部分都放在除父亲以外的男性身上，由于这个阶段的男生高度依从于同龄人文化，因此他们找的对象，也可能会使他们误入歧途。[4]

就父亲来说，他需要找到合适的方法来处理儿子的远离，其主旨是：支持而非破坏孩子的分离需要。我的同事保罗，有一次我陪他一起去看他儿子马克的足球赛。15 岁的马克在场边和队友一起热身的时候，保罗开始跟我回忆起他和儿子的过往：儿子第一次踢球是他教的，父子俩以前每个傍晚和周末都会在一起练球。但是时光荏苒，今时今日的马克已经不再想跟父亲一起练球了，保罗辛酸地说道："他是因为我才爱上运动的，他的运动能力也是遗传了我的，但是现在我除了做开车送他踢比赛的车夫以外，什么也不是。"

就在这时，场上传来一阵欢呼声——马克进球了！刚刚还陷入痛苦回忆的保罗马上开始鼓掌，他笑着给儿子竖起了大拇指。但是呢，马克只是冲他点了下头就跑到教练和队友那边去和大家拥抱了。换作几年前，保罗一定会疯狂地为儿子欢呼，但是他知道：如果现在他情绪还是那么激动，马克是会感到难堪的。

所以，允许马克和他自己的朋友，而非和他的父亲庆祝进球，保罗实际上就是在照顾儿子的需要——他因此要节制自己的需要。通过这种照顾和节制，保罗等于就是在给儿子"放行"，允许他把自己体验为一个独立于自己原生家庭的、有能力的个体。这个个体可以从家庭外的世界中越来越多地收获到支持、安慰和激励，而非只能寄望于父母的评价。

　　青春期的儿子挣扎着求得独立，而中年的父亲也有着自己的挣扎。保罗，作为一个看着儿子进球的父亲，也在体验着某种分化。那个作为"小伙子"的自己，那个儿子眼中曾经的英雄，正在逝去。花有重开日，人无再少年。保罗开始接受自己作为一个更为成熟的中年人的身份。因为他高度参与儿子的生活，所以他可以透过儿子的成长重新发现自己生命历程的循环、短暂和无常。那些成长历程中令人痛苦的失去，那些令人害怕的改变，还有让人兴奋的机遇，总会出现在我们眼前，无论我们年龄多大，无论我们走了多远。

　　保罗的体验是深刻的，因为他正在把自己视为一个祖先——他是新一代生命的父亲。这种体验将会对他探索接下来的中老年生活产生决定性的影响。保罗作为一个父亲，他也在成长。也正是他的父性，形塑且影响着他作为一个男人的继续成长。也正因为他可以继续成长，他才可以放开手，让儿子完成自身的成长。

　　一个高度参与儿子的养育过程的男人，会有更多机会直视自己作为一个人和作为一个父亲的局限，并且他也更能够接受自己不再年少的事实。足够幸运的话，他还能因此更深地理解自己的父亲，并与他产生更完整的和解。

　　许多男人很难承认自己的失败。一路走到中年，他们或因事业上的成功，或因自己在家庭中发挥的作用，或因自己年轻时的成就和创举，而一直在某种程度上把自己视为英雄。但是儿子在青春期对他们产生的不屑甚至鄙视，常常会让他们怀疑自己的英雄地位，会让他们反思自己生命中那些被挫败的梦想，以及其他让人失望的部分。无论多么痛苦，这种反思都能引导一个男人为自己的后半生建立一个更为现实，因此也更加坚实的自我形象。

青春期个体化的重要性

对父亲的满意和失望情绪，会伴随着儿子的一生。但是这两种情绪通常会在青春期到达顶峰，因为这个阶段儿子的发展任务是逐渐消除自己对家庭的依赖。

青春期多重变化的到来，预示着父母养育孩子最主动的阶段即将结束。

儿子"第二次分离－个体化"出现的时候，也就是父亲哀悼一个时代结束之时。但同时他也要为儿子的独立尝试而感到欣喜，当然这绝非易事。那些认同儿子青春期分化需要的父亲，可以让这一阶段进展得更顺利。

同时儿子的青春期，会让父亲在自己青春期所遭遇到的挑战被再次激活，从而使这位父亲有机会在引导儿子找到更为现实的自我身份认同的同时，也修通他自己年少时的失望和野心。在引导儿子的过程中，一位父亲也会常常记起，甚至是再现自己青春期时代的高潮和低谷。不过这一次，我们有了成年人后见之明（hindsight）的加持。

青春期时代持续不断的自我关注、自我价值感的受损，这些都可能是一个父亲自己曾经亲身体验过的。所以这一次当他们发现儿子也在遭受类似的困扰时，就可以协助儿子更冷静地处理这些状况。当一个父亲逐渐放下父亲的角色，而把自己设身处地地置于一个"少年"的位置上时，无能感、无奈感、失败感等典型的少年感受，就都不再是天大的、没法面对的事了。

男孩在青春期需要完成的另一个发展任务，就是为自己成年以后的亲密能力打下基础，精神分析把这种能力称为"成人生殖欲"（adult genital desire）。青春期的男孩要稳固自己的性别认同和性取向（比如明确自己是爱男性，还是爱女性）。同时他还要通过哀悼和放下与父母之间稚嫩的情感联结来获取自我（ego）的成熟，以及兴趣的稳定性。我之前已经提到过，在前青春期和青春期早期，因为儿子渴望被保护的非性欲的需要被激活，所以在这两个时期父亲仍旧是被理想化的。但是到了青春期中期，当儿子想要摆脱"儿童"这个身份时，父亲在他心中的形象则会大大贬值。在这个转折期，如果一个父亲能够理解儿子复杂的成长任务，那么他就能强化儿子的能力，帮助其逐渐摆脱稚嫩的、非黑即白的、充满着理想化色彩的依恋模式，建立起成人的自我理想（ego ideal）。所以，一个父亲若耐受得住自己的贬值，那么他的儿子反而就不需要狂悖逆反。儿子可以在整合与老爸之间的早年亲密的同时，继续以一种不那么冲突的心情，向外面那个成人世界进行拓展和探索。[5]

父亲还须承受得住儿子对自己理想化和幻想的破灭。是的，父亲曾经积极主动地促使儿子认同自己（同时使他和母亲保持一段最佳距离），但现在父亲必须要以一种更为被动的方式，以一种不再处在中心位置的姿态，耐受住儿子与自己的渐进的、反复的分化。另外，父亲还要有边界地支持儿子试验新的身份认同。他甚至还要支持儿子与我们前面所说的那些"父亲的替代者"接触，即使这些人常常处在和自己这个亲爹截然对立的位置上。在此过程中，父亲需要具备一贯性和内外一致性。当然，他还需有一个必不可少的、健康的自恋系统。

要尝试，但也要有边界

青春期的男孩似乎没有办法不通过各种试验来探测边界或界线。有时候，他们还会刻意挑衅自己的父母，进而引发其反对，然后父母的反对又强化了他们与父母的分离。面对这种局面，一个父亲要牢记：无论自己的青春期孩子多么勇于冒险，他其实都不想自我伤害，也并不想放弃自己在家中的位置。

要理解儿子的诸般挑衅，对一个青春期男孩的父亲而言，其实真的不易：因为这些小屁孩有时喝醉，有时和穿着过于暴露的女孩约会，有时加入不良组织，还有一些对什么都看不顺眼——这都是男孩试验自己新的身份认同的表现。你会发现，在所有这些行为之下，几乎都有"就是试试"的特征存在。这很快就会让我们想起他们曾经的学步期——一小步一小步地离开妈妈，有时冷不防走出一大步，直到突然发现自己走得太远，顿时心生恐惧，然后又急吼吼地退回到妈妈身边。同样地，青少年会尝试各个新近出现的自我，但又避免让自己专属于其中的任何一个。

所以身为父亲，你要识别出儿子的这种个体化需要，而且你要在两种极端情况的中间找到一种微妙的平衡：一方面，不要反应过度，因为这会让你的儿子变得更加危险和叛逆，让他采用更加极端的方法来标定自己的个性；另一方面，也不要无视他的挑衅，因为在冲突中退场，等于就是在战场上做逃兵，这会让你的儿子感到被抛弃。总之一句话：你要带着合理的边界，有时甚至是不认同他的某些具体行为，来支持儿子的试验。通过设定合理的边界，父亲就可以极大地帮助儿子把习惯性的冲动行为，转化为可以沟通的语言。

试举一例，弗兰克来找我咨询他儿子杰瑞的问题。杰瑞今年 17 岁，一直以来和弗兰克都很亲密，但是近来他变得有些不守规矩，而且对老爸弗兰克说话那是相当不客气。在和我的工作中，弗兰克发现要耐受杰瑞的攻击性确实有困难，于是我开始帮助他学习设立坚定却有建设性的边界，以应对杰瑞把情绪迅速诉诸行动的倾向。

一天傍晚父子俩又开始吵架。弗兰克告诉杰瑞他今晚不能把家里的车开出去，但是没想到杰瑞一把拽过钥匙，径直就朝车库走去。弗兰克的脸色变得铁青，但是依然试图保持镇定。他想到和我之间的谈话，想起我们商量过要通过设定合理的边界，从而把儿子的冲动行为转化为更文明的表达。弗兰克告诉我，他当时选择挡在杰瑞面前，态度坚定地告诉他："不要再往前走。你今晚不能用家里的车。不管你对我多么生气，你依然要注意你的言行。我不接受你对我的辱骂，我不接受你践踏我和你妈的感受，我不接受你破坏这个家里的规矩和底线！"

杰瑞没有回答，他把车钥匙往地上一扔，然后急匆匆回到了自己房间。但从此以后，杰瑞再没有这样激烈地爆发过。虽然弗兰克很难相信，但我还是让他理解到这种可能性：其实杰瑞和大多数青少年一样，内心深处是渴望父亲为自己设定某种边界的。也就是说在这个冲突事件中，他其实是希望父亲把他留在家里的。

一旦弗兰克在家里设定了底线，他就不必再害怕杰瑞辱骂自己了，而父子俩因此也就有了更加坦诚的对话的基础。"我明白你并不认同我做的某些事情，"某天饭后，父子俩在清理桌子的时候，弗兰克说道，"但如果你可以礼貌地对我提出批评，我是会听的。"爸爸显得很真诚，这让儿子也更加放松了下来。他仍然疏离，但是后来他对家里人有愤怒的时候，其表达却更有礼貌了。

至于弗兰克，他通过学习为杰瑞设定必要且合理的边界，成功地把自己的无助感转化为了成年人的建设性行为。与此同时，因为他有能力耐受杰瑞更为节制的攻击性，所以他最终帮助儿子学会了以一种有效的方式，表达对父亲及他人的负面和矛盾情绪。

与父亲分化，意义何在

那些因为各种原因，在青春期没法把父亲理想化，无法把他请下神坛的男孩们，在接下来的成长中通常会遇到很多问题。有些一辈子都拥护父亲的理想形象，僵化地维护这个形象，眼里容不得一点沙子。而另一些则可能一辈子贬损和责怪自己的父亲，对他丝毫不具怜悯。无论是哪种剧情，这些男孩心中的父亲形象和他们的自我形象都被固化在非黑即白的基础上——这使得他们的心智没法充分成熟。

举个例子。杰佛瑞生长在美国中西部地区的一个小镇上，他父亲是镇上极受人尊敬和爱戴的儿科医生，杰佛瑞是他的独子。不幸的是，父亲在杰佛瑞15岁那年因为心肌大面积梗死而意外去世了，在那之后，妈妈又开始公然诋毁她的亡夫……杰佛瑞本科在一所常青藤联盟大学就读，成绩相当优异，但是研究生阶段却被迫退学。他后来尝试做了很多工作，包括做牧师、工程师、律师。巧的是每次当他要拿到结业证书的时候，都会掉链子，比如只是律师资格考试他就搞砸了好几次。

杰佛瑞和我开始做心理治疗的时候已经35岁，是两个小孩的父亲。他当时的工作又失败了，婚姻也岌岌可危，整个人非常抑郁，同时深受自我怀疑情绪的折磨，还对自己越来越多的同性恋幻想感到心忧。他和自己的母亲保持着亲密的关系，但是又对她百般挑剔。他对自己的岳父情感很复杂，也不愿与之打交道。而且我发现从头至尾他都把自己的生父视作"完人"，对他始终保持着一种浪漫主义和理想主义式的忠诚。

在治疗最初的六个月里，杰佛瑞表现得很投入，而且他的现实境况也开始好转。但是在那之后，他对治疗效果变得极端挑剔，对我也很容易产生不满。"周围所有人都说我的治疗没有丝毫进展，"他引用他妻子、妈妈还有岳父的话说，"他们都想知道我这辈子到底想干什么，时不我待啊！"

在后来一次治疗当中，杰佛瑞开始对我产生暴怒。他脸涨得通红，对我狂吼，以至于我当时真担心他会把一块镇纸向我这边甩过来。接下来的几次治疗也好不到哪儿去，他对我的攻击变得肆无忌惮，以至于我都感到治疗做不下去了。实际上，在他攻击我的时候，要理解和耐受住我自己的情绪也是极其困难的。他让我当时产生了一种强烈的报复性的愤怒，精神分析师们通常把这类情绪称为"反移情"（countertransference）。可以肯定的是，我当时耐受自己的反移情的能力真是受到了莫大挑战。

遭受攻击的那段岁月里，有一种洞察帮我保住了我们之间的治疗框架——我意识到他之所以会如此对我，是因为我们当下的关系激活了杰佛瑞内在的另一种从没有被修通过的关系。也就是说，先前在他的眼中，我其实和他的"完人"父亲一样，可以满足他所有的愿望和期待。但这种对理想化父亲的诸多期待是不可能被实现的。因其不可实现，所以杰佛瑞对我转而从极度理想化，掉落到极度失望，甚至是暴怒——他在内心中把我体验为一个骗子，看上去有答案，实际上只是在骗他。所以他现在一心想着摆脱我这个"不完美且残缺的东西"，怎么快怎么好。

在他冷静下来以后，我们终于有机会谈论之前发生的事了。他承认，这是他有生以来第一次对一个试图照顾自己的男性直接表达愤怒和失望。在此基础之上，他得以逐渐地展开自己对"立于神坛上的父亲"的去理想化进程，或者说恰到好处的分化过程——这一过程对男性而言是必要的。

他自己的父亲在世的时候很自恋，以至于无法耐受儿子对自己幻想的破灭，再加上他突然的过世，以及后来妈妈对这位备受尊敬的父亲的诋毁——这一切的一切，都使得杰佛瑞无法在内心中形塑一个成人式的自我理想化形象。所以后来，杰佛瑞既无法哀悼因高度理想化的父亲过早去世而生的丧亲之苦，也没法借助一个耐受得住儿子去理想化过程的父亲，来发展出自己成熟的男子气概。再者，因为杰佛瑞认定即便自己的父亲活着，他也不可能受得了自己对他的不满，所以实际上我就成为第一个可以让他"肆意妄为一把"的男人。一旦杰佛瑞领悟到自己幻灭感和愤怒感的成长意义以后，我们之间的治疗瓶颈，也就随之被突破了。

总而言之，一个青春期的少年，如果拥有一个允许自己被儿子推下神坛的父亲，那么这个少年就会拥有更大的内在自由——他可以选择性地认同父亲的一部分特质，而不是囫囵吞枣地认同或拒斥其全部。所以我们说，这样的少年是幸运的。

反过头来，因为少年曾经关于父亲的理想化形象在青春期可以得到调整，所以他的自我形象也就会相应地变得更加现实而灵活。于是这种幸运的少年，就像他们的父亲一样，既能够体验到自己的力量，也允许自己触碰到自己的弱点。于是，在通往成人世界的路途上，他们便得以带着对自身力量和局限的双重感知，充满现实感地前行——既不将自己捧上天，也不把自己踩下地狱。

父子一同应对丧失感

在青春期的诸多激烈情绪（兴奋、狂怒、失衡感、喜悦、恐惧、孤立感，甚至是狂喜）之下，掩藏得很深的一种情绪，其实是丧失感。雷蒙德·卡弗（Raymond Carver）在他的短篇故事《自行车、肌肉和香烟》（*Bycycles, Muscle, Cigarettes*）中写道：

> 少年让到一边，看着自己的父亲从门口经过……然后，男孩开口说道"爸爸？你可能会认为我有毛病，但是我真希望你在……你在我这么大的时候，咱俩就互相认识了。我不知道该怎么说，但我只是感到有些孤单。就好像……就好像我现在已经开始想念你了。这听上去有些疯狂，不是吗？"[6]

其实对于很多青春期男孩而言，成人的世界既有诱惑性，又深具危险。所以他们表面上的目中无人，常常只是为了掩饰内心的恐惧。青春期男孩，尤其是之前家庭环境相对稳定的男孩，更是需要哀悼生活中的诸多丧失：与父母的亲密关系、他们眼中曾经健康而有活力的爸爸妈妈、他们自己的儿童身份、他们所熟悉的小男孩的身体、之前那个安全可靠的世界，以及单纯的生活本身。

精神分析作家朱迪思·维奥斯特（Judith Viorst）在其作品中写道：来到青春期的少年们，等于是来到了"波涛汹涌的海岸边"，而"所谓的离开，几乎就意味着溺水"。很多人还会直觉性地认为，随着时间的流逝，自己的悲伤和失去感只会越来越强，而身后"伊甸园的大门，将会被永远地关上"。[7]

很多男孩无法面对这种必要的哀悼。他们试图通过延长自己的青春期来防御丧失感。还有一些少年会通过退行到童年期来阻止自己长大：他们肆意发脾气，就好像自己还是个学步期的娃娃；他们经常生病，这样就可以待在家里不用去上学；他们回避所有社交，表现得十分退避；还有一些会做出一些很不负责任的行为，以求得父母的注意，甚至是监管。

面对这些情况，父亲一方面需要通过承认儿子的丧失感来助其哀悼；另一方面也需要让儿子看到，长大不只意味着失去，它也意味有所获得。

试举一例。我朋友的儿子扎克今年 15 岁，他一直以来都是一个成绩优秀的好学生。但是到了高二，他的成绩却直线下降。他开始拒绝做家庭作业，为此甚至和父母在哲学层面进行争论。他考前不复习，有时明明完成了作业或实验报告，却也不交。扎克的父母对此束手无策，因此他们希望我能介绍一个心理治疗师。我把他们转介给一个家庭治疗师，这位治疗师非常睿智地指出：扎克实际上是在通过让自己的学习成绩下降，来表达对成长的担忧。他之所以会在学习方面自缚手脚，是因为害怕上大学。上大学则意味着离家——他显然还没有在情绪上为此做好准备。

在明白了个中缘由之后，扎克的父亲反而放开了对儿子学习成绩的执念。扎克很快就体验到来自学习上的逼促少了许多。如此一来，他和父亲之间就有了空间谈论除学习以外的东西，比如对于离家的恐惧。因为可以直接谈论自己的恐惧，扎克就不需要再把这层恐惧在学校里用行动表现出来。结果仅仅几个月时间，他的平均分就被提了上来。

扎克对长大依然怀揣着矛盾的情绪，但是因为有了父亲的帮助，这些情绪变得更容易被耐受。父子之间对长大所面临的挑战有了深入的交谈。父亲一直试图理解扎克，也愿意在情绪层面上与儿子待在一起，这最终使得扎克心中的恐惧，不再具有支配性的力量。

实际上，作为青春期男孩的父亲，他自身又何尝不被日益增强的空虚和丧失感所包围？我们会发现自己被儿子逐渐推开，会发现自己已不再是他宇宙的中心，这何尝又让人不伤感？正如前文中保罗所哀叹的那样：他现在充其量不过是儿子的车夫罢了。

然而更令人感伤的是，像保罗这样的中年父亲，还须哀悼自己青春年华的一去不返。看着在足球场上冲刺的儿子，保罗陷入了回忆：他想起自己高中时代的美式橄榄球生涯，想当年自己那也是踢得非常好的。他知道自己现在仍然可以来个冲刺什么的，但之后呢？自己一定会上气不接下气，又或者腿抽筋，还会显得有点傻……保罗失去的是自己年少时的体力和精力，但他增长了难能可贵的、关于生命的智慧——人生如白驹过隙，然而在每个人生阶段，舍和得都是紧紧相随、难以割裂的。

在这个发展阶段，父亲还要面对另一些很重要的丧失。实际上，人到中年会尤其喜欢怀旧。加上儿子的性萌芽出现，深受影响的父亲似乎也会被拽回到自己曾经风华正茂的岁月，重温自己过往的辉煌抑或辛酸。有些父亲，甚至通过和更年轻的女性发生婚外情，把自己的情感诉诸行动。这就是所谓的中年危机。在这场危机中，男人会想办法抓住自己广义的青年时代最后的尾巴。所以人们会说中年男人"油腻"——这已成了大众眼中的某种刻板印象，是为遗憾。

另外，父亲为儿子感到骄傲，这听上去没有问题。但是父亲也会不可避免地嫉妒儿子。试想一下：你自己的腰越来越粗，发际线越来越高。不巧往儿子身上瞥一眼，这小子却皮肤紧致，肌肉结实。更不用说你自己的老婆已经老了，而你儿子带回来的女孩却……

父亲不必为此难为情，因为这绝非男人第一次嫉妒自己的儿子。当儿子还是新生儿的时候，很多爸爸就会嫉妒儿子夺走了老婆的全部关注。但是这种早期的嫉妒很快就会消减下去，因为我们前面说过——父亲会因儿子与自己性别相同，而对他产生强烈认同，紧接着会和儿子发展出独特的情感联结。

但这次不同，这次儿子是在离开爸爸，并非靠近。所以青春期男孩的父亲对儿子的嫉妒接下去只会有增无减。他和儿子联结不上，反而越来越疏远，在性方面又变得越来越明显露骨——这一次做爸爸的只能一个人咽下自己的嫉妒，眼睁睁看着儿子变为"翩翩少年"，而自己则沦为"垂垂老朽"。很有可能，这是一个男人第一次体验到：他自己的路和儿子的路正在岔开，而非交会。

如果父亲在儿子日渐远离的大背景下，依然可以识别且涵容自己的痛苦和嫉妒情绪，并且还愿意为儿子负责，这就是允许儿子在成长过程中积极找寻属于他自己的身份认同，且不必否认自己的性欲。同样，面对那些因儿子与自己分化所生的痛苦，如果一个父亲可以找到建设性的方法应对（既不报复儿子，亦不因儿子的不屑一顾而变得自我批判、郁闷甚至直接退场），那么这样的父亲将会在接下来的岁月里会收获到更让人满意的生活状态，以及和儿子之间更深远的情感联结。更重要的是，这就等于自己成全了自己——允许自己用一种较为成熟的新角度，来重新审视自身的竞争欲、嫉妒感、丧失感，以及自己作为一个中年人的身份认同感。

举个例子。我 51 岁的来访者布雷德，最开始把自己描述为一个替儿子感到无比骄傲的老父亲。他儿子杰森 17 岁，无论是在学习还是在社交方面都非常出色。但随着我们探索的深入，布雷德的痛苦却越来越明显，因为他内心里实际上对儿子的成就感到憎恶。现在不断有大学向儿子抛来橄榄枝，而杰森每次回家又从学校里带回了什么好消息的时候，布雷德都会感到内心不舒服。

布雷德最近被告知他必须得做一个髋关节置换手术，而且他自己的生意亦经营不善。尽管遭遇到了这些挫折，他始终还是搞不懂自己为什么会对儿子的成功反应如此消极。当然，他还是明白要把自己对儿子的愤恨之情先控制一下，不见诸行动。

在分析中，布雷德能够越来越轻松地谈论这些情绪，他还告诉我：他真的很害怕自己最好的岁月一去不返。他说他很爱自己的儿子，也真的不想伤害他，但是他现在内心的憎恨感、愤怒感，以及对衰老和疾病的恐惧感好像真有点压不住了。

随着时间的推移和越来越多的情感倾诉，布雷德开始体验到了些许解脱。看着儿子蒸蒸日上而自己每况愈下，这种情况给人带来的苦痛其实是可想而知的，他告诉我："你好像理解我的感受，而且显然也没觉得它们很不正常。"这种倾诉和理解的过程让布雷德明白了一个道理：他并不是唯一一个对儿子的青春期个体化胜利和自己的中年挫败怀有复杂情绪的父亲。我们的工作就是帮他接纳自己的感受，让他明白无论这些感受让人多么不适，都是属于他自己的感受。作为父亲，我们要允许自己体验这些感受，但不要以破坏性的方式把它们见诸行动。更重要的是，即使你内心有这些感受，这也不表明你是一个糟糕的父亲。最终，布雷德重新拾回了自己的骄傲：他骄傲于自己无论内心怎么痛苦，也没有让这些痛苦转化为现实行动去伤害儿子。他保护了儿子。

当男性告别青春期之际，他应该已获得了一个重要的发展里程碑：童年时代的落幕。如果一切发展顺利，这个男生应该已建立起了一个既稳定又具灵活性的新的身份认同。他会感到有力量做决定，会更加信任自己的判断；他会悦纳自己身上的男子气概，同时也得以整合一些典型的女性特质，基本上接纳了自己的性取向。如果幸运的话，他甚至可以与自己童年时代的创伤和解，并大体上找到原谅自己父母的方法——即使他们经年累月下来，做错过很多事情。即将成年的他，应该也获得了一种与过去不割裂的自我连续感，他开始内化一种更为现实的自我形象——这个自我形象为他将来在成人世界中找到自己的位置，铺垫了相应的价值感和使命感。

与此同时，这个男生的父亲相应地也会更接近于解决自己的身份认同、进一步的分化、丧失感问题。他不再试图做儿子的"英雄"，对于生命的有限性或许也找到了应对的方法。现在，一个年轻的男人将要开启自己的成年人生活，而另一个不再年轻的男人，将要面对自己的老去，还有那个跟自己一样，已然成年的男人。在接下来的章节中，我将会继续讨论这两个成年男人之间的关系。

第 7 章

成年早期

在场边指导

要成为一个男人，准确地说，就是要负起责任。

——安托万·德·圣埃克絮佩里（Antoine de Saint-Exupéry）[1]

　　我同事韦斯的儿子叫艾力，我听到这个故事的时候他刚刚大学毕业。艾力的计划是来年在市区租一个公寓，找一份厨师的工作，并且申请下个学期工程学院的研究生。

　　然而，理想很美好，现实很骨感，艾力出师十分不利。首先，跟艾力一起合租公寓的朋友得到了一份外国的工作，必须提早离开，所以艾力得在合同到期前赶紧找到一个新的室友。接下来，艾力工作的餐馆在开业前一周遭了雷劈，艾力和其他大部分餐馆新雇的员工，都被遣散了。而其他可行的工作都已经招满了。

　　这时艾力给他爸韦斯打电话。"我想回家了，爸爸，"他告诉他的父亲，"我不能再住在这里了，跟我一起住的那个孩子从来不锁门，不倒垃圾。他每晚都和他的女朋友在客厅的沙发上鬼混，我就只能待在自己的房间。我找不到工作，我不知道还要待在这里干什么。"

听到儿子的痛苦倾诉，韦斯告诉我他当时就想对儿子说："当然，回家吧。你会在这里找到工作，我们可以照顾你。"但他知道，从长远来看这并不能帮到艾力。

所以他深深地吸了一口气，说道："我想你需要待在那里。你会找到一份工作的，你需要坚持下去。至于你的室友，告诉他如果他不能负起他的责任，你会去找别人合租。这两件事都不容易，但我对你有信心。"

"你根本不知道你在说什么！"艾力咆哮道，"根本没有工作。我简直不能相信你要我待在这里，你的意思是难道我周末都不能回家了吗？"

"你周末当然可以回家，但之后你还是要回去。"韦斯说，"你想清楚，你真的打算跟我还有你妈住在家里吗？"

艾力深深地叹了一口气，听起来十分灰心。他说："爸爸，有时候，我都不确定自己想要什么。"

＊　＊　＊

在接近成年的时候，年轻人需要开始着手建立他们的自主生活：像一个成年人一样实现独立的社会功能，离开他的家庭。自主生活包括了两个任务：①在世界上找到他自己的位置（包括找到事业方向）；②形成亲密而持续的恋爱关系。每一个任务都不容易。在这个发展阶段，很多年轻人发现他们正面临着许多进退维谷的选择，而且没有任何清晰的路径图可以指引他们前行。所以盖尔·希伊（Gail Sheehy）用"动荡的二十岁"来形容这个人生发展阶段。[2]

就父亲而言，他们和儿子一样，必须得承担起一个新的角色。尽管现在

的父子关系常常温暖而充满了爱，不如青春期那样充满着竞争性和性方面的
张力，但父子间的力量对比已经发生了不可逆的改变。在此之前，父子关系是基
于父强子弱的现实。而现在，儿子趋于成年，所以他和父亲的关系也逐渐趋于平
等——父亲更像个同伴，只不过这个老一点的同伴自然会更有经验一些。

在此阶段，父亲并不确定儿子具体要做什么，所以他们需要适应"远距
离父亲"这个角色——克制自己的评价欲，把直接指导权留给儿子生命中其他
年长的男性。然而，因为儿子随时都可能需要父亲的帮助——帮助儿子深入到
成年人的世界中去冒险，所以父亲需要退守在场外，时刻准备着，等待召唤。

儿子再一次挣脱

像艾力这样的年轻人需要完成发展心理学家们所说的"第三次分离 – 个
体化"。他们清楚地知道，他们有责任采取一系列的行为向成熟迈进，努
力远离他们父母的保护圈，远离他们的童年，去创造一个属于他们自己的
成年人身份认同。[3] 丹尼尔·莱文森（Daniel Levinson）是一位心理学研究
者，也是成年男性综合实证研究的主要研究人员，他将这些年轻人描述为
"新手成年人"。[4] 这些新手在此阶段的发展要点乃是作为一个学徒，去学
习建立一种成熟的男性身份认同。他们的重心已经出现转移：这些年轻人
不再固守在原生家庭里，但他们也没有完全建立起属于他们自己的家庭。
他们所声称的独立常如镜花水月，很多人在经济上和情感上仍然依赖他们
父母的支持。

与此同时，20 岁的年轻人已开始能明确表达出莱文森所谓的"个人梦
想"。那就是，他会试着看清楚自己在成人世界中所扮演的角色，同时搞清
楚自己是谁，要如何度过自己的一生。一旦觉察到自己的这些内在潜力，以
及自己究竟可以成为何种人，便会让他充满激情和活力，而这些激情与活力
会帮助他向成人世界继续迈进。

　　年轻人通常会利用他在青少年时期所掌握的技能，专注于展示他的能力与天赋，以此来打造自己的公众形象。他需要打造一个"外在的自己"或者"人格面具"，借此在成人世界中赢得成功和赞扬。要知道年轻人通常都想成为同伴、同事以及自己眼中的"英雄"，受此驱使，他们努力寻求卓越与成就，有时甚至会为此不惜代价。

　　父亲支持并帮助他的儿子打造个人梦想，通常就意味着父亲替代儿子认同并肯定了年轻人的探索努力。反过来，这个父亲需要放弃自己作为一个英雄的愿景，从而把英雄梦想的火炬交到儿子手上。事实上，很多男人多年前在他们的儿子出生的时候就瞥见了这个苗头：比起他们自己，他们其实更关注孩子的人生轨迹。

　　所有的年轻人，不管看上去多么叛逆或独立，其实都渴望得到父亲的认可，认可并赞许他们的男子气概以及独立构建出的男性身份。前面已经说过，获得值得投身的事业和稳定的亲密关系，乃是此阶段年轻人面临的最主要发展任务和挑战。然而他们常常会在这两个领域中挣扎，总觉得自己不够成熟，不够完善，甚至不够男人。因此，特别是当一个年轻人不知所措，倍感羞愧时，他会寻求父亲的肯定——肯定他为建立成年人身份所做的蹩脚努力。他想知道，这些努力即使蹩脚，也不会让自己的男子气概打折。

　　但是，一个父亲的认可之所以至关重要，还有另一个原因：当年轻人能从父亲那里体验到尊重时，他便可继续顺利将其父亲去理想化，这是青春期后期就已经开始的过程。换句话说，当一个年轻人感受到他父亲的支持，他便不再需要去崇拜自己的父亲，便可收回投射在父亲身上的力量，纳为己用。

　　莱曼·弗兰克·鲍姆（L. Frank Baum）的小说《绿野仙踪》[5]里桃乐丝有三个男性同伴——一头胆小的狮子、一个无脑的稻草人和一个没有心的锡樵夫。他们是几个困在永恒童年里的成年男性，他们强烈地渴望获得另一个男性的指导，好将他们从各自的困境中解脱出来。他们与翡翠国的人民一起，创造了一个充满着智慧、极具指导性的理想化父亲形象：奥兹国的巫师。但最后他们才发现，巫师仅仅是一个普通人。但就在不久之前，巫师才帮这三位旅者分别发现并夯实了属于他们自己的潜在品质——勇气、头脑和爱心，而这三者都是确保他们能进入成人世界的不可或缺的品质。

最后，当三位旅者发现巫师只是个骗子时，巫师平静地接受了自己的去理想化过程。正如这个故事所揭示的，当年轻人收回他们曾灌注在父亲身上的力量时，他们自己就能获得更切实、更成熟、更完整的男子气概。

父亲要有新的指导风格

然而到了这个阶段，父亲需要在"场边"指导他的儿子——给予他祝福，但不必过于积极地给出建议。丹尼，一个 25 岁的年轻人前来求治，他感到自己被"困住"了，他看到所有的朋友都比自己成熟。尽管他想要向成人世界迈进，但总感觉力不从心。"我工作的地方有个女人，"他说，"她非常性感，我总忍不住想她。我可以看出来她也喜欢我。我知道如果我和她发生点什么，我的工作就会陷入窘境，而且我女朋友知道的话也会受到伤害。但也许她不会发现，而且有时我甚至并不在意她会发现。我的身体太想要这个女人了，我感觉我就要受不了了。"

当我问他想要什么的时候，他说他希望一个"权威人物"（比如他公司的导师乔治）能够告诉他，想这些乱七八糟的事是"愚蠢的"，他应该要抵御诱惑，去思考对他来说什么才是真正重要的。

"听起来你似乎知道该怎么做。"我说。

丹尼点头同意，只是他接着说道："如果有个权威人物告诉我怎么做，那么事情就会变得简单得多。这样我就只需跟随他的方向便好。然而自己对自己负责，关注自己内心想要什么，然后跟着内心走，这可太难了。"

很明显，丹尼想在我这里得到的，是一个来自"父亲的祝福"。丹尼的父亲在 5 年前去世了——他需要我肯定他正在萌芽的内在权威感。

我对他的挣扎表示理解，我深知要成为一个完整的人，一生都需要在类似的取舍中挣扎。每个人都需要在他的本能冲动和更成熟的心智之间找到和解之法，对年轻人来说尤其如此。获得这些问题的解决之法，是他们在这个世界上获得自己的一席之地的关键。

我问丹尼是否对成年后的生活有什么构想，对此他滔滔不绝地讲了 20 分钟。接着我要他想一下如果他和工作中那个有魅力的女人发生了什么，于他的计划是否会有不好的影响。他想了一下，然后肯定地回答：会有影响。

用这样的方式，我帮助丹尼使用他自己的"梦想"，去认识到他是否有能力作为一个成年人为自己的将来铺路，并做出自己的决定。一个成年男人有了可以为之奋斗的目标，便可提高他倾听自己的能力。在最后，他可以贴近自己的内在权威，从而在成为一个负责任的成年男人的道路上更清晰：哪些应取，哪些该舍。

这件事说明了对于一个父亲或导师而言，展示权威已经不再重要，即使过去他在儿子那里一直充当权威。事实上，当下更重要的是鼓励并发掘儿子自身的权威感。只有如此，这个年轻人才有能力挣脱他的父亲导师，成为一个相信自身主导力，有能力做决断的个体。

允许儿子挣脱

有些父亲很难接受儿子对其成人生活的规划和决定。举个例子，埃塞克在投资银行领域很有建树，他来找我，谈及他对自己 24 岁儿子戴夫的担忧。在整个大学和研究生期间，戴夫忠诚地跟随父亲的脚步，学习商科，每年暑假都去金融机构实习。所以，当戴夫毫无征兆地宣布他不想再从商而是想做一名爵士钢琴家的时候，埃塞克崩溃了，他出奇愤怒。他一遍一遍地跟儿子说："如果你要坚持你那癫狂的梦想，我不会在经济上给你任何支持！"

"我没有在问你要钱。"戴夫每次都这样回答。但每次当他打电话提及自己经济上的窘境时，埃塞克就无法控制自己。

"我在他这个年纪，"他告诉他的妻子，"我已经在银行工作了。"

"不，你没有。"他妻子温柔地提醒他。在埃塞克刚毕业时，他准备着手写小说，还搬回了父母家。他晃荡了两年，没有存款，甚至没有写出一个章节。事实上，他当时从没有放弃自己的小说并去找一份真正的工作，直到那年夏天他订婚。

当埃塞克对我讲述这个故事的时候，我建议他把这个故事说给他的儿子听。起初他有些犹豫，但他同意在我们下一次见面时告诉我事情的进展如何。回忆着过去岁月里的理想主义小插曲，埃塞克仿佛看到了自己曾经的脆弱，于是他理解了自己的儿子。他不再羞辱并抗拒儿子所做的那个明显不靠谱的决定。如此一来，儿子戴夫反而意识到父亲对他的欣赏，欣赏他那为构建自己独特的成年人身份所做出的努力，即使这份努力看上去有些离经叛道。

咨询工作帮助埃塞克理解到儿子需要追求自己的梦想。埃塞克可以设定限制，比如他可以拒绝给戴夫经济支持，然而他还是要试着去支持儿子的梦想，同时也要承受属于自己的那份失望和害怕。正如朱迪思·维奥斯特所言："对我们的孩子放手，不再期待他们去完成我们的梦想，这是为人父母的一堂必修课。"[6]也就是说，父亲不仅要让儿子自己确定方向，也要放手让他们朝着这个方向前行，并最终接受自己的期待和儿子的决定并不总是一致。

这不是父亲第一次舍己为儿。当儿子还是个小婴儿时，父亲就需要把自己在妻子世界中主要他者的身份让给儿子，从而给妻子抚养儿子腾出心理空间。在青春期，父亲不得不再次放弃自己慷慨如歌的英雄形象，只为让儿子去尝试新的身份认同，并挖掘出值得自己崇拜和讴歌的其他男性形象。与前两次不同，这次父亲需要看清儿子到底想成为一个什么样的人，也就是说他需要接受儿子最终确定下来的新身份认同，以及他自己选择的生活方式。

父亲认同儿子的成年人选择，就是在创造一个平等的氛围，让双方都能更好地认识到：尽管各自经历不同，但作为男人我们之间是平等的。这一部分取决于，父亲能否像埃塞克那样对儿子坦陈自己年轻时所做的挣扎、犯过的错误以及有过的脆弱。父亲若能做到这一点，儿子便不用再为了要当一个鸡汤式的完美男人，而去扛起诸多不切实际，甚至令人窒息的重担。事实上，通过这样的亲密沟通，父亲与儿子都能帮助对方成为更加成熟的男人，这也就为更加成熟的父子关系打开了大门。

在这个发展阶段，父与子都学到了与自己相关的重要人生课程。比如，当儿子戴夫和父亲埃塞克关系疏远的时候，戴夫意识到他其实可以耐受父亲的失望。在某种意义上，只有当一个年轻人不再通过父母的眼睛看世界的时候，他才可以饱含深情地离开这个家。正如盖尔·希伊所说："最终，当我们不再害怕让父母失望的时候，漫长的青春期才告结束。"[7]

同时，父亲不得不承认自己已经老了，他并不完美，还常常容易犯错。他需要放弃自己对完美父亲形象的幻想。每一个父亲都执着地认为他正在养育着一个非凡的儿子，这个儿子能成为一个伟大的学者，一个受人尊敬的医生，一个有钱有势的商人，甚至是总统。更重要的是，在父亲的想象中，儿子的光彩可以反射回自己身上，让自己熠熠生辉。

然而，在此人生阶段，理想敌不过现实，父亲不得不接受一个事实：他对儿子人生轨迹的决定性影响已经不复存在。这个年轻人的未来是他自己的，现在他要为他自己负全责了。父亲能做的就是衷心祝福儿子在这条路上，已经做好充分的准备去迎接他自己的未来与挑战。

儿子亲密能力的培养

除了解决职业问题，年轻人还有另一个重要的目标，那就是要找到并且保持亲密关系。正如埃里克森提醒我们的，年轻人的重要冲突是亲密与孤独——他要么开始在亲密关系中建立自我，要么就要承受被孤立的风险。[8]

一对亲密的伴侣需要有两个坚实的自我。成熟的亲密关系，也需要两个人对各自的边界有足够的安全感，这样才会允许对方进入自己的保护层。只有两个人在保持自我意识的同时，都渴望变得更加亲密，亲密关系才会水到渠成。要发展出这种亲密能力，男性要能认识到对方的客观存在，同时承认对方的主观经验和自己的一样重要。这在性关系中可以窥见一斑：年轻男性发现他们需要更多去关注如何让你我双方都获得性满足，而不是仅仅让自己愉悦。亲密关系既取决于一个人是否有能力做出牺牲和妥协，也取决于他是否允许自己展现脆弱。这对于男人来说很困难，社会大环境会使他们羞于表现出妥协与脆弱，因为这让他们看起来不够男人。

如果父亲想帮助儿子获得有意义的亲密关系，那么他本人就需要与包括儿子在内的其他成年人建立类似的关系，以为表率。一个父亲若能协助儿子获得自主性，并欣赏他独一无二的男子气概，那么他就为儿子获得成年人的亲密关系铺平了道路。

上文所说的戴夫，那位雄心壮志的爵士音乐家，看到了父亲埃塞克在各方面都努力地支持着自己的事业：埃塞克会和自己的朋友谈论戴夫的天赋和进步，并且去看他在不同俱乐部的演出。随着戴夫感受到更多的支持，他开始再次将父亲视为成熟男人的榜样——一个可以在冲突和分歧中接纳他人，同时也不放弃自我的男人。当戴夫遇到一个他喜欢的女人并且开始认真约会时，他借着自己与父亲的关系，也借着他一直以来观察到的父母关系，收获了自己的爱情。

父亲若不能作为表率，展现出建立亲密关系的能力，那么年轻男性常常就会回避亲密关系。一些缺乏这种父性榜样的年轻人往往会对亲密关系避而远之，而另一些人则常常通过强迫性寻求新鲜刺激的出轨行为，使自己陷入乱七八糟的伪亲密关系中去。如果男人不能与一个伴侣保持真正的亲密感，那么他就很容易在一个唯我独尊的世界里体验到深深的孤独。正如本的例子一样。本是一个 29 岁的电影制片人，他说自己是一个性成瘾者，他感到他的身份是由他睡过的女人的数量决定的——他骄傲地告诉我他睡过两百多个女人。尽管在金钱上他非常成功，但本仍然觉得"迷失"甚至被孤立在他的大豪宅里，"百无聊赖"地干着他的工作，想象着自己精神错乱以至孤独终老。本前来寻求帮助时，我发现在这个狂躁的社交达人外表下，掩藏的其实是一个迷失且悲惨的年轻人。

我得知本和他的父亲尼克的关系十分疏远。尼克是一个花花公子兼酒鬼。本回忆起每个晚上与母亲兄弟一起等父亲消遣完回家的痛苦，尽管当时本爱着自己的父亲，但父亲对待母亲的方式，每一次都会让他退缩。很多年过去了，父亲尼克外出消遣的时间越来越多，而孩子们已经步入青春期，尼克几乎很少跟他们兄弟几个说话，除了那句"你们记住，好好学习，因为你们只能靠自己"。

本上大学后学习非常刻苦，但在闲暇时他会吸食大麻。毕业后，他在洛杉矶一家很大的电影工作室得到了一份好工作，他回忆起那段时间他周围充斥着一堆美女和麻醉品，这让他"极其兴奋"。他无法忍受孤独，但又不能和女性建立起有意义的亲密关系。后来，他开始滥用药物，四处寻花问柳。

一开始，本把治疗当作一个摆脱问题和挫折的机会，这样他就可以更加无所顾忌地去满足自己的征服欲。就我而言，我承认和他做治疗总让我感到艰难，因为他总是在显摆自己，表现得好像在演一出狂热的独白剧。然而后来我意识到，他是多么需要我作为一个坚定的男人存于他的世界中，因为他自己的男子气概和男性身份认同都处在一个发展停滞的状态。

我们坚持了一年时间，在他开始更加信任我之后，我便可以更直接地面质其行为。我试着让他理解，其实他一直都在其生命中找寻着一位能够提供现实指导的成年男性，正如他曾经期待一位父亲能看到他的伤痛，并给出指导一样。

如果本是一个青春期的孩子而我是他的父亲，那么我会坚决反对他的这些自毁行为，我会给他设定一个合理的界限，支持他努力地建立起属于自己的身份认同，并让他更有爱和亲密的能力。这对我们来说都是挑战，好几年过去了，我们在治疗过程中也经历了一些危机事件，后来本也开始控制住自己的成瘾行为。他也初步具备了自我反思能力，这使得他能够耐受和我之间更多有意义的对话，而不再是一味自我独白。从这个意义上来说，精神分析治疗和本的成年生活，才刚刚开始。

成年早期的儿子如何影响他的父亲

正如我们在之前的每一个发展阶段所看到的那样，儿子总会帮助父亲成长，即使此刻两人都已是成年人。然而有时，父亲的成长也伴随着相当大的痛苦，它要求父亲不畏艰难去面质自己。在我的临床工作中，我常常发现：对年长的父亲来说，亲密关系仍然是一个难题。如果父亲认为表达脆弱并非男人所为，那他的儿子便会想方设法打破父亲的这层防御，找到深藏在这个男人内心里的情感。

举个例子，保罗的父亲是我的病人，我们已经工作了十多次。保罗24岁时，女朋友跟他分手，他简直痛不欲生。女朋友一次次拒绝，工作找得也不尽如人意，于是他开始变得孤独甚至抑郁。保罗的父母对此毫无察觉，直到警察局来通知说保罗因酒驾发生车祸，现已被捕。收到通知后，保罗的爸爸拉斐尔马上飞去保释他那陷入极度屈辱和绝望的儿子。

父子俩在保罗的公寓住了一个礼拜，这比他们过去十年在一起的时间都多。一开始，保罗不想谈话，但有天晚上他彻底崩溃了。拉斐尔——一个热情的，看似自信，实则占有欲很强并且非常教条的男人——被自己"软弱"的儿子吓到了，他起初也十分生气，认为儿子是被他的妈妈给宠坏了。但他对儿子的爱与担心马上战胜了愤怒。接着，父亲拉斐尔敞开心扉，向儿子承认并分享了他自己的痛苦："保罗，我想你可能知道，我和你妈妈在婚姻中挣扎了很多年，我们犯了一些错，这并不容易。但我们都爱你，我们正陪在你身边。告诉我，你需要我为你做什么？"

"我只是需要你，爸爸，只是你。"保罗回答。

拉斐尔差点破口而出："但我一直都在啊！"他想到了所有他们一起去做的事——钓鱼旅行，爬山，一起做木工。然而在内心某处，他知道保罗需要什么，他需要自己卸下防备，给他那些自己从未给出过的东西。

"儿子，我是一个骄傲的男人。"拉斐尔开始说，"也许我让你感到难以靠近。你想想，其实我让任何人都难以靠近——你妈妈也一直这样说我。但看到你身处痛苦，这让我也很痛苦。我的痛苦？是的，我也有痛苦，我只是很努力地去隔离痛苦，我每晚喝酒，只是不想去面对。我想你现在已经长大了，也许我也该长大，我可以跟你聊聊这些我不愿去面对的痛苦了。"

拉斐尔从来没像那晚一样敞开过心扉。父子俩聊了几个小时，他们流泪拥抱，分享着对对方的失望和对自己的失望。最后他们都如释重负。看到儿子是如此希望自己真诚以待，拉斐尔也开始接受自己所有的局限和天赋、缺陷和才能、弱点和力量。父子之间其实从未紧闭的那扇门这次被彻底打开了。

正如拉斐尔在后来的十几次治疗中告诉我的那样，对他来说，那扇门是第一次向他打开。他向儿子保罗毫无保留地展示了自己，保罗不但没有拒绝他，反而拥抱了他，他意识到儿子正在给自己一个机会，让他摆脱那不断被自己强化的孤独，也让他逃出那个一直自我封闭、自行运转的孤寂世界。很快回到家后，拉斐尔走向他的妻子海伦并告诉她，他准备好了一起去接受婚姻家庭治疗——这是海伦多年来的期待。

拉斐尔和海伦开始在他们的治疗中争吵和哭泣，他们花了很长的时间才学会停止叫喊，学会倾听对方。渐渐地，拉斐尔酒喝少了，健康状况也在缓慢改善，这是改变他婚姻状况至关重要的第一步。世上无捷径，数十年来第一次，拉斐尔和妻子的关系有了枯木逢春般的改善。拉斐尔感到自己终于能走出痛苦的泥沼，带着某种力量感和目标感前行了。

儿子能够治愈父亲的伤痛，这是一个古老的主题。在圣杯神话里，一个骑士之子的德行拯救了渔王，重建了他日薄西山的王国。作家及诗人菲尔·库西诺（Phil Cousineau）用现代视角阐释了这个儿子帮助父亲的超越死亡的古老主题：

> 致我自己的，以及所有没有见过巴黎的父亲
> 一位朋友
> 他倾听着，揭开着，触碰着
> 自己敞开的伤口
> 从中找到一枚金弹片
> 把它兑换成机票
> 然后带着自己的父亲去到塞纳河左岸
> 于是这疗愈之途
> 就此开启 [9]

看见父亲

萨姆·奥谢尔松曾经写过"一个男人给自己的父亲正名，清楚地看到自

己的父亲，接受父亲过去和现在的样子，这比他自己的成长，比成为一个孩子的父亲，成为一个妻子的丈夫，成为一个年轻人的导师更加困难"。[10] 也就是说，对很多 20 多岁的男性来说，如果他们不能看到现实中父亲真正的样子，不能像接受他的力量一样去接受他的脆弱和不足，那么他们的成人礼便无法完成。

而且，儿子"寻找"父亲的过程往往具有启示性：年轻人想方设法地建立与其父不同的、独属于自己的身份认同感，但最终还是不可避免地发现：他们发展出的特质仍与其父相似。很多男性在他们成年后甚至会惊讶地发现：自己的行为与他们父亲年轻时如出一辙。

有机会去理解自己的父亲并与之和解，是人生莫大的福气。然而可悲的是，父子间相互的看见与和解并不总是一帆风顺的。如果一个父亲缺席甚至遗弃了他的儿子，那么父子间巨大的鸿沟和遥远的距离会使得关系无以修复。还有些时候，父亲无法在场是因为他们自己的情绪不稳定，又或者是因为疾病和死亡。然而事实上，我们会看到，有些和解是可以超越坟墓的。

格雷格 25 岁开始在我这里做治疗。他对自己事业和亲密关系都倍感挫败，他觉得自己不够好，也对自己"一无是处"的生活感到羞愧。他既孤独又低落，而看到自己父亲的崩溃和失败时，更是如芒在背。

我理解作为一个年轻人，格雷格非常需要与他的父亲和解，从而让自己的生活继续前进。尽管他知道自己与父亲完全不同，但他似乎受困于过去以至于动弹不得。我想这是否因为他在用看待父亲的方式来看待自己。然而在我们最初的工作中，我相信他并不会理解这个诠释的意义。但我还是告诉他，谈论他与父亲的关系或许会有帮助，我们可以试着更深入地理解父亲是一个什么样的人。于是格雷格开始思忖，父亲罗恩在 25 岁的时候内心状态到底怎样。格雷格很悲伤地说，罗恩当年参加越战时只有 20 岁，3 年后退役时便感到崩溃和幻灭。罗恩 24 岁的时候，儿子格雷格出生了。而罗恩对格雷格母子既无法投入情感，也没法照顾。随着时间的推移，罗恩开始酗酒，他常常跟妻子还有工作伙伴激烈地争吵，他还会定期离家与老伙计们一起喝个烂醉，最后不得不在退伍军人医院被强制要求住院，接受抑郁症和物质滥用的治疗。

当格雷格17岁上高中的时候，罗恩因酗酒死于肝脏疾病。可以想象，格雷格对他父亲的记忆绝大部分是消极的：他回忆起罗恩当年在电视机前独自喝闷酒，跑到车库里去抽大麻，在家里乱发脾气，把自己的工作和经济状况搞得一团糟，还经常得去住院。

我理解格雷格，但与此同时，他对父亲完全没有同理心这一点也让我感到震惊。治疗开始数月以后，我意识到格雷格开始逐渐信任我，于是我提到了他对父亲的漠不关心。对此他似乎有些退缩，但当我问他是不是对父亲还有其他记忆时，格雷格告诉我有段时间父亲罗恩曾在他效力的少年美式足球队执教，还带他去打过鹌鹑，甚至跟他谈过自己的战争经历以及对美国政治的感受。这还只是格雷格有意识的记忆，我相信他与父亲潜意识的联结远比他允许自己意识到的更多。

如今，格雷格辛苦地在生活中找寻着自己的一席之地，这唤醒了更多关于父亲的记忆，无论好坏。他现在愿意去想象父亲所经历的一切：小镇上一个安静但聪明的孩子，大学刚读到大二就应征去到一个让自己无法理解的战场上厮杀，之后愤世嫉俗地返回家乡，发现唯有酒精和大麻才能缓解自己的伤痛。想象着父亲曾经的孤独和绝望，格雷格第一次对父亲心生悲悯。

"我真希望现在能跟他说上话，"格雷格啜泣道，"我想要告诉他我总算能理解他所经历的一切了，因为一直以来我也迷失了自己。我希望他现在可以在这里指引我，告诉我我混得不错了。起码我还能坐在这儿跟我的治疗师聊天，跟他一起去寻找我是谁，我还拥有健康、我的朋友、我的未来。如果可以，我希望自己也能帮到当时的他。"

最后，格雷格开始意识到他可以帮助自己的父亲，即使只是在精神上。

"我要找到我自己，"格雷格告诉我，"我要背负着他的名字去走一段让他骄傲的路。这样，我既可以救赎我自己，也可以救赎他。"

在接下来的几个月里，格雷格觉得有必要解开父亲留下的谜团，在治疗室内外去探寻父亲的生活。他找到了父亲的亲戚和朋友，尽可能多地获取与父亲相关的信息。在努力去拼凑一个更完整、更准确的父亲形象的同时，格雷格也更好地了解了自己。

很快他开始谈论自己内在世界发生的变化，我有幸见证了其中的一个：很明显他对自己更有耐心，也更加镇定。他说："我感到爸爸在用另一种方式陪伴着我，他不再是我记忆里那个潦倒落魄、喝酒喝到断片儿的酒鬼。他越来越年轻，他拥有希望和活力。我知道他一定有过，他失落过，但试图再次寻找过，最终他还是失败了。"随着内在和解的不断发生，我也见证了格雷格的日渐成熟。不到一年的时间，他就找到了一个自己喜爱的工作。若干年后，我得知他已找到心中所爱，即将步入婚姻的殿堂。

* * *

像格雷格这样的年轻人，不能由父亲手把手地领入成人世界，却会被强烈的潜意识需要，驱动着去发掘和了解自己的父亲，以更好地了解自己。他们内心所持的父亲形象可能令人费解，又或者过于片面（无论是过于消极还是过于积极）。然而不管父亲形象具体怎样，它都是这个年轻人塑造自我形象时，要用到的重要内在资源。因此，要想获得成熟，以及独属于自己的男子气概，年轻人需要更好地理解自己的父亲。"为父正名"这一过程可以让儿子找到自己的位置，不再无意识地只求成为自己的父亲，又或者只求成为父亲的反面。对于父亲缺位或父亲参与度不够的年轻人来说，"为父正名"这个过程会使他获得与现在或过去的父亲和解的机会——这种和解，乃是其情感成熟之关键。

对父亲而言，他需要正视自己的失败，因为他未能参与到儿子的发展中去。反之，另一些父亲因为深度认同儿子在成年期对自主自立的坚定追求，所以他们可以将男性"英雄主义"的衣钵传给儿子。再者，如果一个父亲鼓励儿子以其独一无二的方式，充满激情地追寻自己的事业，那么这个儿子对自己所投身的事业将会更加坚定不移。

虽然比我们上两代人要花费更多的时间，但当今的男人在经历他们"动荡的二十岁"后，最终会成家立业，继续追寻独属于自己的人生。而接下来重要的一步——成为父亲——既将丰富他们自己，也将丰富他们作为父亲的人生。在接下来的旅程里，父子二人将携手走进一个崭新的阶段。

第 8 章

成年中期

男人对男人

在父亲帮助儿子的岁月中，两人皆笑；

在儿子帮助父亲的岁月中，两人皆哭。

——犹太谚语[1]

　　我的朋友西蒙曾经跟我讲过他自己的"长大瞬间"。西蒙的儿子米切尔刚出生六天，就因为一种奇怪的感染而不得不重返医院。当时西蒙和自己的妻子正在焦急万分地等待检查结果，这结果将决定小米切尔是不是需要大换血。在等结果的过程中，西蒙抽空给住在附近的父母打了个电话，心里想着也许爸妈可以给点安慰或者建议什么的。

　　"血液感染？"西蒙的父亲在电话那头吓了一跳，"这么小的宝宝怎么会整出个血液感染？"西蒙的妈妈同样也被搞昏了头，她甚至建议西蒙让宝宝赶快从当时那家一流的医院出院——她让西蒙赶紧把宝宝送到他自己小时候的儿科医生那里去。

"在那一瞬间，"西蒙回忆道，"我意识到我自己的父母完全回答不了我的问题，他们懂得比我还少，也根本不知道该怎么应付那场危机。所以我当时明白了：现在只剩下我和我老婆，无论接下来的决策多重大，都只剩下我们自己，为自己的决定负责。"

并非每个男人都会以这种戏剧性的方式变成熟，但是大多数的男人，都会在 30 多岁的时候觉得自己最终"长大了"。根据丹尼尔·莱文森（Daniel Levinson）的说法，男人在"三十岁转变期"（age thirty transition），或者说大致在 28 到 33 岁之间，他们经常会意识到自己 20 岁左右的成年第一阶段，或者说成年人准备期已经结束了——自己已不再是个愣头青，而是一个"完全靠自己的人"了。[2] 从此时起，为了获取成功，他们要更清晰地发出自己的声音，并且要树立起更加坚实的权威。随着自己和父母心理分化的全部完成，人生也就完全靠自己"自负盈亏"了：是时候在工作中展现真正的技术了，是时候让自己和自己的家庭在这个社会中立起来了。

在之前的阶段，父子两人的发展目标经常是相反的，但是现阶段他们经常会发现彼此的目标是平行的，两人的共同点很多。他们都投身于一项或多或少利他的事业中。两人都为了促成自己孩子的梦想和野心，放下了自己的一部分英雄梦想。如果说年轻的父亲此时正聚焦于跟自己的宝宝们建立关系，那么年老的父亲此阶段则正在生成一种所谓的"繁衍感"（generativity）。"繁衍感"一词为埃里克·埃里克森所创，它指的是一个人试图影响后人的欲望——无论你是自己生养孩子，还是做致力于让自己身后留名的事业——每个人都想为后人留下一份影响深远的遗产。[3] 具备繁衍感的老人，不会再活在自己已逝的青春岁月里，他们会认为让后辈成为更完整之人，才是自己利益的真正所在。通过培育后人，他们自身的死亡焦虑也得以缓解。

父子彼此造就对方成熟的男子气概

随着年龄渐长，男人会越来越不在意自己是不是一个被社会所界定的"真男人"，而男子气概的核心特质（成就需要）在此阶段亦会消减。一旦男人不再执着于文化范畴中男性化和女性化的刻板区分，他们身上的滋养和柔软的特性就会更自由地生长。步入老年的男人，经常会开始弥合植根于自己心灵中的两极性，不但其内心中男性化和女性化的二分法会被消弭，其创造性和破坏性、依恋和分离等两极性对立的情况也会有所缓和。老人的儿子，则经常会帮助父亲做到这些。

我的来访者亚瑟 39 岁，是一个进取心十足的大公司管理层，他找我做心理治疗，按照他自己的说法只是婚姻里"出了点小问题"。但是在跟他工作的前几个月里，我根本找不到他的"问题"在哪里，因为他总是表现得不需要任何人，尤其是我。但在治疗开始后的第四个月，亚瑟的父亲埃弗里特突发心脏病，差一点没抢救过来。做了心脏搭桥手术以后，66 岁的埃弗里特选择从自己工作了 40 年的出版社退了下来。

一直以来，亚瑟都把父亲视为男性力量的极致代表，但是现在他既担心埃弗里特的心理状态，又担心他的身体健康。他告诉我，虽然埃弗里特术后身体恢复不错，但这次心脏病发作好像给他带来了心理创伤。"我觉得自己现在什么决定都做不了，"埃弗里特向儿子承认道，"没有你妈陪着，我什么事都不敢做。"

虽然亚瑟想要支持自己的父亲，但父亲的恐惧还是让他感到痛苦。"他变成了个脓包，"亚瑟告诉我，"他这个样子我真看不下去。"在接下来的多次会谈中，我鼓励亚瑟去探索父亲的脆弱对他自己而言意味着什么，而他也终于开始直视自己的焦虑。他告诉我：他害怕父亲死去，他也害怕自己会出事，另外，他还担心自己会变得像父亲一样过于依赖自己的妻子。

在接下来的几个月里，我们开始探索他所谓的"隐藏的自我"。"我和我爸其实都把自己脆弱的那部分深埋在无懈可击的职业人格之下，这样就没人会发现我们真实的恐惧了。"亚瑟在一次重要的领悟中说道，"其实我们父子俩都太害怕了，以至于谁都不敢承认自己需要妻子或者其他人的支持。"

亚瑟既然可以把自己看得更清楚，那么他也就可以逐渐看到一个更微妙而复杂的父亲，这种看见反过头来又使得他对父亲更加宽容。亚瑟在潜意识里需要一个不可战胜的父亲，那么作为他的儿子，自己也就不会有什么焦虑，不会受限了。现在亚瑟的这种潜意识需要正在减弱，他越来越接纳父亲需要被支持和扶助的那一面，因为这也可以为自己表达脆弱正名。于是在埃弗里特的身体恢复期间，亚瑟变得可以更为频繁地去探望，两人甚至还直接谈论彼此的脆弱情绪。

因为亚瑟有了这样的洞察和态度转变，埃弗里特相应地也就更接纳自己的变化。父子两人都放下了过去对于男子气概的执念，允许自己在依靠自己和依靠他人之间进行灵活的选择。埃弗里特对自己的身体状况更为接纳了，他也在积极寻找与疾病共存的、建设性的生活方式。亚瑟之所以最终能帮到自己的父亲，是因为他接受了自己也需要帮助这个事实——他不是正接受着作为心理治疗师的我所提供的帮助吗？

更多相互成长的机会

父子关系最重要的变化，经常发生在儿子自己当爹以后。我们知道很多老人都想抱孙子，然而无论是计划内还是惊喜，抱孙子的快乐和暮年将至的体验总归是如影随形。尽管如此，精神分析学家斯坦利·凯斯（Stanley Cath）依然提醒我们：成为祖辈，可让男人的死亡焦虑大大降低；同时也可帮男人在一定程度上解决他和自己孩子先前就已存在的问题。[4]

年老的父亲和年轻的父亲都会与孩子互动，这种交叉互动能让两位父亲看到很多之前就阻隔在两人之间的棘手问题，甚至是代际传递下来的问题。所以我们说，孩子的出生及成长，为父亲和爷爷之间的关系修复创造了机会。比如，儿子会看不惯爷爷过分轻易地接纳孙子各种兴趣和行为，他会想：我小时候他可没这么接纳过我！对爷爷而言，当他看到自己儿子在履行为人父的职责时，他对这个新父亲的观感也会发生变化。对于很多男性而言，为人祖父代表着人生最后一次建立温和，甚至是"理想化"长辈形象的机会。过了这村，可能就没这店了。

我最近与一对父子进行咨询，父亲老罗和他 35 岁的儿子艾瑞克。两人想通过咨询解决一些长期存在，且仍在恶化的父子矛盾。尽管有矛盾，但我仍发现两人的联结其实很深，而且彼此都想要和解。几次咨询过后，他们描述了发生在一周前的一次争吵：艾瑞克在家里给自己的儿子梅森和老罗做了晚餐。晚餐后，艾瑞克让梅森洗碗，但是 9 岁的小梅森却说不想洗。艾瑞克一下子就火了，他带着轻蔑的态度对梅森大声说道："我跟你说过多少遍了，你在这个家里是有自己的责任的！但你这孩子真是太懒了，你现在麻烦大了我跟你说！"

话刚说出口，艾瑞克就后悔了。他明白自己的语气很臭，而且儿子梅森对他惩戒性的语言从来都不买账。然而就在一瞬间，他意识到自己的语气像极了自己的父亲老罗——这让他感觉更糟。在艾瑞克小时候，老罗总是这么训他，这让艾瑞克一直愤恨不已。艾瑞克发现了这一点，他没有逃避：尽管他极其厌恶父亲身上的某些特质，但自己还是认同并内化了这些特质。这一发现，成为艾瑞克成熟的标志。

因为如果一个男人，始终不愿去面对这种父子之间不良特质的代际传递，总是假装自己和父亲或父亲身上让人不舒服的那一面完全没瓜葛，那么这个男人就不得不一味掩藏或否定这些实际存在的特质，即使让自己付出沉重的代价，即使伤害自己所爱之人也在所不惜。这样的男人可能会把自己框住，也经常会因自己的问题责备他人，同时为了继续对那些讨厌的特质视而不见，他们会一直选择逃避责任。

　　小梅森冲出了房间。就在这时，老罗蹦出一句："你对他太严厉了，艾瑞克，他才9岁啊。"听到这句话，艾瑞克的怒火噌地一下又上来了，他心想：要知道我9岁大的时候，你对我可没这么慈爱，实际上，那时候你可是个异常严厉且没有耐心的爸爸。艾瑞克想到了自己在成长过程中不得不背负的责任和限制，一想到这些，他就恨得牙痒痒：现在倒好，你轻轻松松就原谅了孙子的懒惰——你年轻时候对我咋就那么不宽容呢？

　　艾瑞克在咨询中对我和老罗和盘托出了当时的内心体验，说完之后，他陷入到了沉思之中。接着，借助自己在咨询中获得的诸多领悟，艾瑞克终于意识到：老罗之所以能在孙子面前呈现出"最好的一面"，恰恰是因为梅森不是他儿子！老罗无须为梅森负责，无须给梅森立规矩，无须给他灌输什么道德感，也无须塑造其品格。因为没有了这些身为人父的责任和义务，所以老罗可以没有顾忌地对孙子展现自己的慈爱、纵容、慷慨、温和、耐心和投入。艾瑞克还知道，有些爷爷和外公非常积极地养育自己的孙辈，恰恰是为了弥补自己年轻时做父亲的过失。老罗可能没有像那些人那么积极，但是他内心里可能也想通过捍卫孙子，来纠正自己年轻时带儿子所犯的过错。

　　在咨询中，艾瑞克告诉老罗，觉察到上面这些内容以后，他内心的愤恨还停留了几分钟，但是接下来这些愤恨就转化为某种同理心：艾瑞克可以想象老罗曾经在养育自己的过程中所产生的挫败感。他告诉老罗："爸爸，我现在对你充满了理解，这是以前没有过的。我突然很想为自己曾经对你造成的那些伤害道歉。我也知道，有些伤害到现在为止仍让你感到刺痛。"

　　萨姆·奥谢尔松认为，祖–父–孙三代之间的互动，会激活中间这个父亲身上的"父亲伤痛"（father wound）——这是一种内化的、未被解决的父子冲突，这种冲突会被儿子感知为一种古老而持续的内在创伤。在我们的例子中，因为艾瑞克的日益成熟，他可以利用我们的咨询建设性地修复自己和父亲老罗的关系，进而抚平这种伤痛——通过共情同为养育者的父亲，而不是一味地批判和疏远，他获得了内在的疗愈。

老罗呢？他同样也记得这次争吵，而且他也认为我们能够面对和谈论这个事件，意义十分重大。老罗说他之前从未见过艾瑞克如此生气，对梅森如此严厉。他告诉艾瑞克自己当时真想说几句报复性的话，比如"你现在知道我过去的遭遇了吧，你现在知道生个儿子他却不尊重你的感受了吧"。值得称赞的是，老罗当时没把话说出口。他在咨询中告诉艾瑞克，自己年轻时对艾瑞克只会更严厉，这让他一直以来也懊悔不已，但是现在自己也基本上接受了这个部分。他和儿子都不是完美的父亲，但这并不妨碍两人今时今日相互尊重。

老罗和艾瑞克两人基本上都认为："足够好的父亲"绝非从不犯错的父亲，而是像我在第 7 章中所说的那样，是一个承认自己有局限和失败，从而放手让儿子去追寻自己别样人生的父亲。老罗和艾瑞克是幸运的，他们的生活有交集，这让他们得以肩并肩地成长，肩并肩地深化自己对人生体验的理解。

老罗是幸运的，他的儿子艾瑞克选择和他在生活中保持交集。很多年老的父亲并没有这么幸运，他们常常会感到被自己充分分化的儿子所抛弃。我想指出的是：一个足够好的父亲，是不会强求儿子需要或者依赖自己，从而确认自己的价值的。父亲越接受这一点，越有可能帮助儿子发展出其独特的做父亲的能力，这也是在允许儿子作为一个成年人继续成长。放手，是一种属于父亲的大爱，它反映出一个父亲成熟的共情能力。它反映出一个父亲无须以牺牲儿子的进一步个体化为代价，来满足自己的自恋需要。

更重要的是，如果一个年老的父亲，接纳作为一个成熟的男性个体的儿子与自己进一步分化，那么这位老父亲将获得难能可贵的机会去追寻自己的年轻时代——因为要在社会上立足，要照顾自己的家庭而搁置的那些生命可能性。

值得一提的是，如若没有孙子辈的催化作用，这种父子间的相互看见与帮助依然可行。养育孩子只是表达繁衍感最直接的途径。很多男性因为各种原因决定不做父亲，但他们也可以找到其他方法获得繁衍感。他们可以在工作中充当导师、教练以及顾问的角色；又或者可以选择投身于助人的事业，如社工和教育者，等等。实际上，这个生命阶段的发展任务并不意味着一定要儿孙满堂才能实现。如果一个男人愿意付出自己的时间和精力来滋养新一代；愿意在一定程度上放下以自我为中心的自恋需要，在真正意义上去支持年轻一代走上舞台中心，支持他们获取人生的自主性，那么这个男人就是在繁衍。

一个男人在自己的老年，会想为自己的生命寻获到意义，为自己的老年生活找到某种完整感。所以他会尤其珍视那些能够影响后世的东西。以此视之，现实的不朽感并不单单寄托在血缘和家庭的延续之上。相形之下，它更寄寓于我们的得以影响后代的那些行为与作品之上。一个男人会通过自己的创造、传授以及赠予来影响后世。埃里克森及其同事把这种晚年产生的关怀和滋养称为"大繁衍感"（grand generativity）。[5] 很显然，大繁衍力并不单指培育孙辈，它指的是一种为后世着想的广义的传授行为，这种行为致力于造福于今日之年轻人，未来之年轻人，以至于帮助延续这个承载无数生命的世界。

调和彼此间的差异

如若父子两人可以一道走向成熟，那么他们之间的关系，甚至他们之间的矛盾都会大为改善。其表现是：父子两人不再把对方的不同视为一种威胁或危险，又或者是一种表明对方比自己强大的证据；既然对人对事有不同意见，那么把这些不同拿出来当个话题谈就好了。于是，你会发现父子俩的对话过程有时依然会很激烈，但愤怒、责备和防御却已不再是其中的主旋律。

布莱克是一位 41 岁的男性，他对人亲切友好，乐于社交，他因自己儿子的问题前来咨询。69 岁的鲍勃是布莱克的父亲，他为人安静内向，还有些羞涩。两人这些年下来因为性格上的差异不知闹过多少矛盾：鲍勃对儿子布莱克在青春期注重社交而不重视成绩的行为感到很不满；布莱克 24 岁结婚，鲍勃对此也不认同；再后来布莱克和妻子分居了一段时间，这又让鲍勃感到不高兴。

但是现如今布莱克已步入中年，既为人夫亦为人父，作为一位建筑师他也是事业有成，而老父亲鲍勃呢，则正在迈入老年，还在为退休做准备。让父子俩颇感惊讶的是，在过去几年里，两人似乎可以在一种新的氛围中讨论各自不同的观点了。这听上去有些荒谬，但是两人的确都在朝着对方的方向进行改变——布莱克想要放下自己身上的男孩子气，成为一个更加成熟的男人，而鲍勃呢，也许是人生中第一次想放下自己的"成熟"，让自己变得更自发、更幽默。于是布莱克发现自己和老父亲鲍勃，现在都开始重视对方身上那些之前让自己瞧不起的特质。更重要的是，布莱克和鲍勃两人都对这段父子关系更有信心了，而且他们看上去也不惮于表达这份信心。

在父子俩最近的一次交谈中，布莱克向父亲鲍勃承认道，他其实一直以来都认为鲍勃觉得自己既肤浅又不聪明，而鲍勃也承认，他一直认为布莱克把自己看得既无趣又无聊，还很迟钝。然后他们前所未有地戏谑起过去的争执来，并且承认了其实谁都欣赏甚至嫉妒对方身上自己没有的优点。没有谁是大反派，这只是两个成熟的男人，在更加接纳了自己和对方不同的基础上，达成了和解。布莱克告诉我，鲍勃跟他说的这句话让他倍感重要："儿子，我这辈子要能再来一次，我还是会选和你不一样的活法，但这再次说明我俩是不同类型的人。不过我尊重你，你要知道，你做到了一些我这辈子连想都不敢想的事情。"

但是意义深远的和解并非总能随着父子俩的彼此成熟，而如此轻松自然地达成。实际上很多儿子只能在内心与其父完成和解，也就是说在他们的心智抑或心灵之中，一人独自完成——因为他们的父亲要么无法沟通，要么已经故去。在这些情况下，儿子需要哀悼那个自己一直以来渴求的理想化父亲，并回过头来理解和接纳那个他真实拥有过的父亲。

举个例子。41 岁的阿尼是两个孩子的父亲，他与我开启治疗时颇感抑郁。在阿尼充满伤感和失落的童年时代，他拥有一个离自己很远的父亲。阿尼在治疗早期就经常说自己会梦到已逝的父亲。父亲萨姆曾是波士顿一家肉店的老板，他为人沉默寡言，不辞劳苦地工作。但因为太累，或生意太忙，他每天回到家后几乎就没有任何存在感了，于是家庭的大小事务几乎完全由老婆来打理。阿尼在治疗中时常抱怨父亲不参与家庭生活，并对他的缺席倍感痛苦。但是，只有在谈起自己和父亲聊波士顿红袜棒球队的回忆时，阿尼才会停止抱怨。这些父子间的谈话虽说简短，但对儿时的阿尼而言却很有意义。

在一次会谈当中，阿尼描述了一个梦境：他梦到在最近举行的犹太受戒礼上，儿子披着爷爷萨姆曾经用过的祈祷披巾，阿尼为此感到很高兴。他接着向集会的人群望去，惊讶地发现父亲萨姆正戴着红袜队的队帽而非圆顶小帽，骄傲地端坐在来宾中间。虽然自己从未被父亲这样注视过，但阿尼在梦中分明看到萨姆正在以一种极赞赏的目光注视着自己的孙子。他醒了，感到十分困惑，但似乎又体验到了一种奇怪的平静。

我开始和阿尼一起梳理梦境的意义，在此过程中他才意识到：原来自己是多么希望萨姆可以了解他的孙子，并作为爷爷参与到他的生活中来（儿子2 岁大的时候萨姆去世）。有生以来第一次，阿尼开始更为完整地哀悼自己已逝的父亲。

这次会谈过后，我们之间谈话的基调有了转变。在接下来几个月的时间里，阿尼越来越少地抱怨他本可从父亲生前那里获得的更多东西；相反，他开始想象，如果父亲还活着，那么他本可以怎么去理解他，本可以怎么去给予他东西而非向他索取。

阿尼当时还没有意识到，自己的内心正处在与死去的父亲萨姆的和解过程之中。而且这一过程在数年后，也就是 2004 年红袜队夺冠的那一年达到了顶峰。红袜队夺冠后不久，阿尼在萨姆离世后第一次去祭扫。他把一顶崭新的红袜队的队帽放在父亲的墓碑前——这是一个很好的致敬，也是一声亲切的告别，更是一个把对父亲过往的控诉放下的、感人至深的瞬间。

应对丧失

父子关系进入到这个阶段，固然有很多惊喜，但现实是：两个男人都要面对与丧失相关的议题。成年且成熟的儿子需要面对一个已不再强大、不再有力量的父亲，而年老的父亲也需要面对一个不再稚嫩的儿子。

一旦接纳了儿子的成年且成熟，父亲将会开始体验到一种心理上的"空巢"状态。儿子先前二十几岁，仍在找寻在这世上立足的方法，那时父亲还可以感到自己作为一个保护者兼向导的重要性和价值。今时今日，儿子已经通过建立自己的家庭，通过在工作和职业生涯中的成就获得了进一步的分化，面对这种情况，父亲则常会感到自己的价值大不如前。

一般情况下，母亲会比父亲先经历这种"空巢"现象。之前儿子的每一次重要个体化进程（学步期、青春期、成年早期）他都会持续地与母亲分化，并转向父亲以求指导。所以母亲是常常要面对丧失感的，而父亲因为在这些阶段认同儿子的分化需要，他反而有机会与儿子找到新的亲密联结。但是最终儿子将转变为成熟的个体，组建自己的家庭。如此一来，父亲的丧失感也会随之到来——他会发现自己和妻子一样，俨然成了个"失业家长"。

许多渐老的父亲，在此阶段会纠结于这样一个情况，那就是儿子不但已和自己平起平坐，有时甚至在很多方面还胜过了自己，这会让自己产生一种被取代的感觉。作为一个正体验到身体机能衰退的年老父亲，他甚至可能通过挑剔、打压儿子来重新找回掌控感。另一些父亲则可能会选择黯然退场。

　　然而，一个心智成熟的老父亲，会设法耐受且涵容自身包括丧失感、被排斥感、嫉妒感在内的诸多负面情绪。无论自身如何艰难，他们都会尝试着支持儿子的个体化进程，而非打压。要做到这一点，老父亲通常需要找到新的途径来确认自己的价值，而不是再一味通过让儿子依靠自己，来提振自己的自尊心。实际上，一位父亲应有如此境界和觉悟：儿子现在地位与自己平等，且不再强烈地依靠自己过活——这才表明自己是一个真正成功的父亲。

　　另一方面，儿子在此阶段也会开始认识到父亲无法再保护自己，并为自己提供所谓的安全感。本章开头，西蒙在自己的新生儿宝宝得重病，他向父母求助的那一刻就获得了这种认识。实际上一种更为严酷的认识还在前头等着他。发展精神病学家罗杰·古尔德（Roger Gould）提醒我们：大多数男人在 30 多岁的档口会体验到一种"幻觉"的消失，也就是"绝对安全感"的丧失。[6] 这种幻觉曾帮助男性迈入成年期，而现在他们会意识到：不但爸爸无法保护自己，而且在这世上，也不存在一种绝对的保护。

　　所以无论是父还是子，在此阶段基本上都要面对自己"存在性的脆弱"（existential vulnerability），也就是生活本身的无常和不确定性。那些曾给他们提供过安全感的东西（工作、成就、物质财产、家庭、友谊）都会呈现出某种变动不居的无常感。这并不是说它们不重要，只是说它们在衰老、疾病、死亡面前提供不了终极的安全感。

　　找到面对死亡的态度，是中年生活的核心议题。它同样也是正在成熟的儿子和正在老去的父亲之间的余生中重要的情感连接点之一。死是生之必然，对此必然之接纳将无可避免地带来另一个极重要的认识：因为生命可贵，所以我们有责任在此可贵的生命中，让自己的每一天都过得有意义。对于正在步入成熟的人而言，最不能忍受的就是"荒废生命"。如此一来我们便不难理解：为什么像加缪、萨特、克尔凯郭尔、卡夫卡这些伟大的哲人和作家，会在迈入中年的关键发展阶段找到并阐明人类的"存在危机"（existential crisis）现象，而他们自己也在此阶段通过转危为机，完成了各自最具突破性的作品。

于是，正在成熟的儿子和正在老去的父亲其实正处在两个平行的过程之中，他们都需要哀悼某种人生幻觉的逝去，也都需要接纳自己、自己所爱之人，以及生活现实的局限性。当然，任何一方在面对这些人生议题的过程中所获的体验和智慧，都可惠及另一方。父可助子，子可益父。人生如白驹过隙——父子二人在分享此种理解和感悟之时，就是在为对方坦然面对其生命的不确定性，提供理解和慰藉。

这种男人对男人的对话，在此阶段会有新的意义萌生。几年前，我碰巧听到了邻居米奇和他的父亲阿尔弗雷德在自家后院烧烤时的对话。米奇跟他父亲说："你知道吗？当我还是青少年的时候，我当时觉得你什么也不懂。现在回过头看看，我觉得随着自己的年龄变大，你好像也变得越来越聪明。"

阿尔弗雷德笑了，他回应道："我记得我也是这么想自己老爸的。"

米奇有些伤感地笑了，他接着说："我以前总觉得，只要我的生活能变成今天这个样子"——他指的是自家西班牙式大宅，超大的后院，还有其间为孩子们安装的秋千——"我就不会再有什么烦恼了。"

"烦恼总会有的。"阿尔弗雷德说道。米奇似乎想把谈话深入下去，也许他想知道父亲对他自己现在所处的生命阶段的观感如何。

"难道只有烦恼？"米奇问道。

"儿子，我知道你想问什么，我真希望自己知道答案。"阿尔弗雷德回答道。

父亲传递出的不确定性，让米奇有点小震撼，但他同时也感到放松，因为不只是自己对生活感到不确定，他的父亲也在面对未知和不确定。

注意到我在听他们的对话，米奇走来告诉我，起码他现在和自己老爸在同一条船上，两人终于可以谈论这些人生话题了。既然有了第一次，他就期待会有更多次。

男人的中年转折

男人的成熟期，一直被视为一个丰富多彩的阶段，所有那些动人的和解以及深刻的领悟都可能发生在此阶段，生活也常常给你带来意想不到的挑战和奖励。男人的成熟通常会在"中年转折"（midlife transition）阶段达到顶峰。但如果中年转折处理不当，其后则会转变为"中年危机"。

中年危机这个词我们并不陌生，其表现形式五花八门：给自己买入一辆新的红色跑车；和老婆离婚，再娶一个年轻的女人，好像熬了许多年给自己一个奖赏一般；不顾后果地搞户外冒险，结果受伤——所有这些"不作死就不会死"的行为，早就成了大众文化对男人中年危机的刻板印象。

然而平心而论，一个男人所面临的中年挑战其实并不好笑。突然感知到自己已不再"年轻"，且再也回不去的感觉并不好笑；人到中年，重新追问自己此生所求为何的无意义感并不好笑；对生命有限性亦即死亡的体察，及其所生出的要赶快行动的急迫感，也不好笑。

不到中年，你很难体会到"花有重开日，人无再少年"的感觉。此时的男人已然可以窥见那个年老的自己，而内心中却依然携带着自己年轻时的记忆。于是他对时光流逝有了新的认知，死亡于己也有了切身的意义，余下的生命时光有限，而"我究竟还要完成什么"的疑问扑面而来。

对大多数男人而言，到了45岁，身体机能下滑已是再明显不过的事情了，死亡也不再像之前那样仅是一个抽象的概念了，它好像成了一个在生活中、意识中经常会浮现的，标定着我最终去处的伙伴。由此生出的一股急迫感，加上工作当中出现的"高原期"，再加上自己和父母之间照顾和被照顾的角色颠倒——此三者标定了中年期无可争辩的到来。先前为了证明自己阳刚之气所付出的诸般努力，于此将减弱；先前为了适应成年早期的激烈竞争而累加的自负，于此亦将放松。而我们的缺点，也将变得明显。

男人在中年转折期要直面自己的死亡意识，以及与之紧紧相连的死亡焦虑——在理想情况下，这种直面的态度将会使男性的自我中心意识进一步获得转化，尤其是男性力量崇拜将会减弱。而一系列新的阶段发展任务也将会出现，这些任务不再和在世上找到自己的身份认同那么息息相关；它们的出现，更多是为找寻自己的生命意义。男人先前为了找寻在世上的身份认同感，而否定或舍弃掉的心理特质在人生的下半场将被重新唤醒。当然，有些男人为了防御这些中年体验，会病态性地增强自己的男性性器崇拜——这会导致他们的性别两极化程度不减反增，由此成为中年期发展的巨大障碍。如果这种情况不发生，男性在经历中年转折后，一般会优先恢复自身的洞察力、联结感，以及滋养性。

在中年转折期，男性会体验到相当程度的内心混乱感，因为他们要放弃幻想并且接受自身局限。我们说男性来到中年，经常会心生厌倦，或者经历一段"抑郁危机"（depressive crisis），这是因为他们之前为了要在外在行为世界的角逐场中牢牢立足，而不得不局限住自己的内在世界，不让其过度发展，但这种局限到了中年是一定会产生痛苦的。

物极必反，受到局限的内心世界会产生一种反作用力，促使我们重新找回先前放弃掉的那些自我部分，从而获得一种不那么"刚"的、更可被社会所接受的男子气概，并促使我们接纳自己的局限性。所以这是一个人生的心理转向任务，这一转向要求我们更多地关注内在，具备整合而非偏激的观点，并试图找回曾经放弃掉的自我部分。[7]

通常，一个男性会在 40 ～ 45 岁进入到这个转折期。这几年时间充当着桥梁的作用，把男性的成年成熟期和成年中后期连在一起。如果一个男人想成功地度过这个转折期，那么他就要完成三项主要任务：①他不得不重新审视和评估到目前为止自己所经历的人生；②他必须改变自己的生活，采取一些先期步骤允许自己进入成年中期，另外他要做出一些新的选择，并检验新的生活假设是否有效；③他要制定一个路线图来最终解决中年生活里的两极性问题，正是这些非黑即白的两极性问题深深地割裂了男性的内在世界。[8]

这个转折阶段会在大多数男性的内心世界和现实生活中掀起大波澜。生活中的每个领域都生出了不确定性，这确实让人感到恐惧——他真不知道自己接下来会变成什么样子。于是他困惑、疑虑、绝望，情绪波动起伏，感到无法行动。以此观之，中年转折期还真像一个 2.0 版的青春期。然而和青春期一样，中年男性会受益于和父亲之间的坚实联结。如果他们的父亲已经过世，那他们也将受益于与内化的父亲之间的联结，下面斯坦利的例子即是明证。

斯坦利 43 岁，是一个小男孩的父亲。他的职业生涯相当成功，这使得他经济独立，也使他具备了很强的男子气概。虽然很容易遭受抑郁性焦虑的折磨，但忙碌的工作还是帮他隔离了这些心理症状。不过从去年开始，他失去了继续拓展自己生意的动力，这让他感到很困惑。他内心不快乐的体验越来越强烈。在一次膝盖大手术之后，他悲叹自己的身体"也开始走下坡路"。另外，他的儿子似乎更热衷于画画和泡博物馆，而不是出去运动；妻子也开始变得易怒，阴晴不定。

在第一次面谈中，斯坦利想让我帮助他应对自己的妻子，他要怎么做才能让妻子不那么急躁易怒，不那么抑郁。但是几次面询下来，他承认了自己的内心体验：他感到自己好像正在走进一个黑暗且不祥的"无名山谷"，而且他害怕自己此行有去无回。

斯坦利的父亲是一位待人冷漠但专业杰出的大学教授，他的母亲是一位移民，比父亲年轻许多。在斯坦利降生的时候父亲年龄就很大了，且在他 8

岁的时候去世。谈及自己的父亲，斯坦利的眼中涌出泪水，但是他马上就说自己在待人冷漠这一点上"和爸爸很像"。在父亲去世后，他和母亲一直保持着很紧密的关系，尽管母亲这人有点"神神道道"。不知怎的，谈起父亲会让斯坦利有一种被抛弃感，而谈起母亲会让他感到羞耻。

精神分析开始后不久，斯坦利开始抱怨："我不知道自己该怎么做，也不知道接下来会发生什么。"因为对分析没有明显进展感到沮丧，他告诉我他更希望分析像"一次外科手术，你把我麻醉了让我睡去，然后你像医生一样，在我失去意识的时候直接修复我损坏的身体部分就好了"。由此可知，在分析早期我在他心里所代表的是一个无力的母亲形象，而非他所设想的那种单刀直入的外科医生，可以直接麻晕他并修复他。与我这个"母亲"相连的，是像"关系""情绪"这些模糊不清的女性特质，而非与其更加尊贵的父亲相关的，如"知识""发现"等男性特质。

斯坦利的困惑逐渐演变为对于分析过程的愤怒，和对我的极不耐烦。他采取了一种自己想象出来的、父亲可能会持有的"怀疑论者"态度来看待治疗。他觉得父亲当初可能会用这种态度来讽刺和反对母亲"不科学"地去涉猎一些"肉麻"领域的尝试。比如，他就不能理解为什么我要探索他和父母的关系——这明明就不是"真正的"问题！他反复强调：自己到这里来是为了改变妻子针对自己的行为，或者说起码找到一种与妻子相处的更好的方式。"我不明白讨论情绪有什么意义？难道讨论情绪能改善我的婚姻？"他质问道。

我的理解是，斯坦利正在体验到一种恐惧，这种恐惧与被孤零零地抛在一个看上去没有逻辑的、"女性化的"、与母亲过度联结的情感领域休戚相关。

所以毫不奇怪的是，每当斯坦利体验到任何情绪，他都会迅速地通过疏离或者过分的理智化来掐断情绪体验。我的诠释是：你的情绪会在和我谈话中突然消失，这和曾经你在收到父亲突然死亡的消息后所做出的反应很相似。也就是说，没有父亲帮他形塑有弹性的男子气概，他自己只能非常僵化地界定所谓的"男子汉行为"。从此以后，他不得不把自己和那个让人害怕的、"神神道道"的、带着女性化色彩的内在世界像楚河汉界一样隔开，这个内在世界曾经与他的母亲，后来与他的妻子，现在与我紧密相连。

我告诉他，我知道他不会愿意表现出自己是多么"渴求"一位父亲，因为这种渴求会再次触发他的丧父体验，并且也会激活他对母性抚慰的强烈需要。他也承认，暴露这些基本感受，经常会让他羞愧难当，因为他看上去"可能会像是一个有缺陷的人"。

这就是精神分析所指的"移情"——斯坦利对我怀揣着他曾经对自己父亲的需要。他需要我作为一个替代性的父亲，帮助他完成对自己父亲的哀悼。[9] 当斯坦利开始尊重我，和我在一起感到安全，且相信我可以理解他的时候，他逐渐地我把感知为一个既可以涵容其内在世界的混乱和恐惧，同时又不会在心理层面上疏远他的男人。有了这层信任，他便可以在和我的关系中，哀悼其生身父亲的逝去，并哀悼曾随之一同逝去的那部分自我——曾经为了建立一种稳定却过度僵化的男子气概，而不得不割舍掉的那部分自我。

斯坦利的中年转折期变成了一场由焦虑和羞耻感支配的"中年危机"，因为他多年前发展出来的所谓男子气概，已无法满足他今时今日中年生活的需求。生活急迫地需要他重新找回曾经丢失掉的那部分自我，并且接纳自己的局限，不再强撑。幸运的是，我们之间的分析工作帮助他获得了一种更为细腻且整合的男子气概。从此以后，他不必再为了当个"爷们儿"，而舍弃掉自己的内在的情感、需要，以及强烈的渴望。这场蜕变带来的结果是：他越不担心自己身上的男性特质，他和妻子儿子的关系就越健康。

一旦中年转折得以完成，那么许多男性都会发现自己来到了成年中期和晚期这个新的人生阶段。在此阶段中，男人会更多地转向内在，更少地强调魄力和掌控环境，而后面这两者在成年早期曾显得如此重要。发展心理学家伯尼斯·诺嘉顿（Bernice Neugarten）曾把中年的基本转变界定为"人格的内在性增强"（increased interiority of the personality）：中年男性不是一味执着于完成特定的外在目标，而是转向更加享受生活的过程本身。[10]

但是在接下来这个阶段中，男人除了培育自己的孩子，还会发现：自己需要越来越多地为自己年迈的父亲负起责任。父子之间的角色即将颠倒。父亲如果还没有死亡，那么就会随时感到自己即将死亡。

死亡会给前路渲染上它的色彩，而父与子都将勉力前行，经过一个个余生情感的驿站。中年男性，曾经的孩子、少年、毛头小伙，如今也变成了一位有了年纪的长者。现在轮到他，把父亲的徽章传递给将来的后代了。

第 9 章

老年期

父子角色反转

我既渐渐苍老

亦永葆年轻

我既笨拙愚钝

亦洞悉世情

我既罔顾他人

亦善解人意

我既为母为父

亦为幼为长

......

——沃尔特·惠特曼（Walt Whitman）[1]

对于中年男人和他们年迈的父亲来说，两人的关系常常会出现艰难且尴尬的转折。经过多年的稳定与平等，父子关系的天平又会开始发生倾斜，因为年迈的父亲要开始在身体上、情感上，有时甚至经济上依赖自己的儿子了。儿子最终也要在养育自己孩子的同时，照顾自己的父亲。这个转折对父亲和儿子双方来说，都是非常痛苦的。

但另一方面，两个男人会发现，在此阶段他们甚至会比过去更为亲密。面对死亡这个主题，他们都想好好利用余下的岁月，放弃过去的遐想，抓住生命中真实而重要的东西。他们经历着相似的改变，所以他们英雄所见略同。比如，父亲和儿子都明白保持活力且互相支持的重要性，他们都需要找到有效的方法来应对彼此之间复杂的情感，同时还要面对衰老可能带来的绝望感。由于发展目标一致，所以他们会在此阶段同舟共济，相互之间更加亲密。

中年不惑

从 45 岁直到 60 多岁，这个阶段的男性会完成其人生的第四次分离 - 个体化。他们会开始接受自己身体和情感的局限，也开始接受曾经英雄梦想的破灭。男人在中晚年会体验到一种发展性需要：他们不再像过去那样执着于以行动为导向，也不再觉得必须要像以前那样克己律己，去满足社会对理想男性的期待，从而让自己在世上立足。现在，中老年男性需要重新调整自己，带着未泯的童心和未老的壮心，在未来的岁月里成功地面对老去。[2]

人至中年，其追求会发生本质的变化。进入中年以前，作为一个男人，他全心全意专注于建立起自己的身份认同，从而使他无论在现实世界，还是在其内心世界都能够游刃有余。然而现在，他需要找到一种意义感，确定一个新的目标，这个目标将影响他接下来的生活和工作。他需要打破从前的框架，用更持久，但也够灵活的特质来迎接那些迫在眉睫的挑战。

这个阶段男人的身体和心理都会发生改变，很多男人不愿再向世人证明自己的男性力量，他们更想自由地做自己。从前以行动为导向的存在模式发生了转变，老年人开始有了一个更向内的、更整合的视角。在这个视角下，他们开始学会对自己宽容，宽容那些曾经被他们蔑视和放弃的女性化特质。于是男性的自我会开始逐渐去性别化。这个时候，很多男人会试图平衡他们的两极世界观，这个世界观曾经让他们的生活充满对立：年轻对衰老，男性对女性，主动对被动，善良对邪恶，孤独对依恋。他们也开始理解：生命的答案不再是非黑即白、非此即彼的选择，而是在两极之间找寻到一个平衡。

在大部分男人的后半生里，随着确定感的崩塌，他们的能量自然地开始内转。比起追求一个具体的目标和努力去掌控环境（这是男人早期至关重要的成长目标），一个中年男人开始逐渐学着享受余生。因为他们开始接受自己的缺点和错误，仿佛那些已是公开的秘密。特别是当一个男人承认并接受自己作为一个父亲的局限时，他便能以现实却满怀希望的人生态度，进入生命的最后阶段。

男人现在所面临的状态，我曾将其描述为"完整之前必先渺小"。[3] 男人曾经为了在年轻人的世界中获取成功，而创造出来的那个英雄已渐迟暮，而这趟英雄之旅亦将到尽头。如果他在人生的下半场能完成这个让自己"渺小"的任务，便可能不会以绝望或失败感来看待自己的一生。相反，他会满怀希望地接纳自己，并积极寻找方法让自己拥有繁衍力和创造力。

但这绝非易事。在为人父母这件事上，有些男人很难认识到自己的局限，也无法接受自己的失败，因此他们会给儿子留下一个无法处理自己悲痛、自责与悔恨的父亲形象。精神分析师及家庭治疗师梅尔·兰斯基（Mel Lansky）给出了一个失败父亲的大致轮廓，这个轮廓清晰。[4] 尽管他研究的中年父亲大部分在 35 岁到 55 岁之间，并且住院接受家庭治疗，但他的研究涉及各个年龄阶段的男性，当然还包括他们的父亲。值得一提的是，对于自己不是一个好父亲这个议题，男人会竭尽全力避免让自己体验到任何羞耻。对很多男人来说，"我是一个无能的父亲"所带来的情绪上的脆弱与羞耻，真是无法容忍。因此，他们会不遗余力地采用指责他人、见诸行动、分散注意力的方式来逃避直视自己的不足，从而使自己免于痛苦。

年长的父亲若能克服自己的羞耻感，于父于子都是有益的。詹姆斯40多岁的时候来寻求治疗。在其原生家庭中，父亲罗伊在情感上和身体上的缺位，使得詹姆斯今日仍孩子般地怨恨着自己的父亲。不仅如此，詹姆斯的怨愤贯穿了他的整个童年，即使现在作为一个成年人，他与父亲的关系也只是表面和谐。

詹姆斯和父亲罗伊从不起争执，他们不想有冲突，也不再期待真正的亲密，只希望在各自的路上彼此安好即可。在我们讨论为何父子关系表面和谐实则形同陌路时，詹姆斯告诉我，他自己是有责任的，因为他"从未真正向他父亲敞开过心扉"，他也"从未原谅自己的父亲"。尽管他们经常见面，但横亘在父子之间的是一个讳莫如深的"大峡谷"。

然而，在我们工作一年后，改变悄然而至。父亲罗伊在他70多岁时查出动脉瘤，有生命危险。在住院期间，詹姆斯经常去医院探视。在一次探视中，罗伊出人意料地聊起了自己的父亲。当詹姆斯看到罗伊满含热泪地说起自己的父亲，也就是他的"爷爷乔伊"时，他感到无比震惊。爷爷乔伊患有严重的心脏病，这给父亲罗伊及其姐妹带来很大的负面影响。罗伊说："我们在他身边的时候，总是得小心翼翼，生怕让他难过。我忽然意识到对你来说我也是这样的父亲。我的父亲已经不可能再变得积极，但也许我还可以。我不要变成我父亲那样，那让我感觉很糟糕。我当年只是不知道该怎么做才能让自己变得和他不一样。我真希望当时知道该怎么做啊！"

尽管詹姆斯知道父亲和爷爷的关系是疏离的，但他从来不知道爷爷的具体情况，也不知道父亲曾为此承受了如此多的痛苦。直到面临死亡的那一刻，父亲罗伊才愿意揭开自己童年的伤疤，忆起自己从爷爷那里受到的伤害，并且才愿意承认自己做父亲的失败，对此他感到很糟糕。当我问詹姆斯，罗伊敞开心扉对他来说意味着什么时，詹姆斯说他很高兴能知道这些，尤其是看到罗伊展现出作为一个父亲的脆弱之时。

在接下来的治疗中，詹姆斯回顾了他父亲的行为。"我的天，"他说，"我爸当年一定非常害怕让爷爷难过，害怕表达自己的感情，难怪他看上去总是那么压抑和疏离。"詹姆斯意识到他的父亲压抑着自己的情感，尤其是那些负面的、消极的情感。因为那些情感很可能"杀死"他所爱的人，所以他要撤回，要保留，要守护。

不知不觉中詹姆斯开始明白，他沿袭了自己家族的模式，那就是：如果封闭自己，就可以保护自己在意的人。有了这个觉察，詹姆斯不再担心自己不是个好儿子，也不再把父亲的缺席看作自己的问题。简而言之，父亲罗伊终于感受到了足够的安全，去揭开他自己的伤疤，并向儿子表达他的歉疚，如此詹姆斯也才能用自己在治疗中获得的能量，去原谅父亲的缺失。最后，受到父亲的影响，詹姆斯也做好了更充分的准备，去接受自己作为一个男人和一个父亲的不足了。

父亲教儿子如何变老

父亲还通过接受自己的衰老，来帮助儿子度过中年。谈及衰老，文化里充斥着贬低。想想那些负面的表达，比如"长江后浪推前浪，前浪死在沙滩上"或者"夕阳无限好，只是近黄昏"。尽管商业广告中也会有白发老人的美好形象，但文化仍然是喜朝气而厌衰老的。衰老意味着失败，意味着不体面，因此我们嫌而恶之，乃至以此为耻。

一个父亲若能对抗这些刻板印象，对自己的衰老保持大致平静，既不耽于青春，又能找到方法在身体、情感和精神上保持一定程度的活力，那么他便能给身处中年的儿子树立一个好的榜样。也就是说，如果父亲能在生活中直面疾病、衰老和死亡带来的挑战，他们就能持续发挥榜样的作用。

男性在60多岁或更老的时候，会开启第五次分离－个体化进程。这是

倒数第二次的分离 – 个体化，它发生在死亡之前，而死亡被看作最后一次分离 – 个体化。老年人与他们早年建立的自我不断分化，在生命的最后他们才领悟到：在自己的一生中，那些可以传与后世的东西才是本质性的东西。为了迎接这次分离 – 个体化挑战，年迈的父亲需要接纳死亡的临近，并为之做好准备。

年迈的父亲必须要观察到这一深刻的内在变化，那就是他正在从"被抛弃的那个人"（who is left）转变成"要离开的那个人"（who is leaving）。与此同时，若一位父亲能坦然接受即将到来的死亡，他便会产生强烈的渴望，渴望能将自己的智慧和财富慷慨地给予他人。就这样，年迈的父亲变成了古希腊神话里的赫尔墨斯（Hermes），那个指引灵魂去到冥界的神。在迈向死亡的路上，父亲需要向下和向内寻找"光明"，以此来与这个世界体面地告别，同时也使儿子在成年后期可以轻松上阵。此外，父亲放弃所有永生的幻想，也可以在最后发挥父亲的指导作用：向儿子展示如何明智地死去。

在理想情况下，父亲树立了一个"不死"的榜样，即精神分析师卡尔·科拉鲁索（Cal Colarusso）所说的"基因不死"（genetic immortality）。[5]积极参与儿子的生活，认识到儿子的独特魅力，保持对儿子深情的同时也尊重彼此的不同，这会让年迈的父亲开始相信他为儿子所做的一切都是值得的。而且，父亲最终会感到，儿子的存在比他自己的生命更加重要。就这样，年迈的父亲为儿子的持续成长和发展搭建好了舞台。这种体悟，往往会使男人更为从容地接受自己的死亡，这反过来也能减轻儿子的悲痛，帮他更平静地接受父亲的离去。

就像我在第 8 章提到的，老人有一种能力，即能关注到那些生活在更遥远未来的人，这种能力被我们称作"大繁衍感"。就像祖父母更关注孙子辈大致的发展而非其日常生活，"大繁衍感"是一种代际关怀，是对年轻人，对即将到来的下一代，对那些还没有出生的人以及对整个世界的关怀。以天下之乐而乐，以天下之忧而忧，他们放眼于未来，奉献于未来，希求子子孙孙都能从自己存留于世的影响中获益。正如伯尼斯·诺嘉顿和她的合作者所观察到的，这种人在晚年超越自我而非沉迷于自我的能力，会让老人体验到当下之愉悦，使他们能安享自己的晚年，并让他们以更优雅的姿态老去。[6]最后，一位父亲若具备此种代际关怀，那么他自己和他的中年儿子都将有机会体验到：在这世上，或许真有一种不朽，可以超越死亡。

然而，并不是所有的父亲都能给孩子树立一个如此成功的榜样。有些父亲突然间发现自己无法再自力更生了，他们第一次感到自己要依赖于药物的支持，以及来自儿子的情感甚至是经济上的支持，这些力量的转变会让他们心生怨愤。另一些父亲则被忌妒所吞噬，甚至会诅咒他们那看起来更健康、更年轻，也更有力量的儿子。诸如此类的负面情绪若无法得到涵容，则父亲往往会表现得吹毛求疵，拒人于千里之外。

还有一种相反的情况，那就是第一次眼睁睁看着中年儿子走下坡路，有些父亲会为之感到纠结和辛酸。在过去的岁月里，父亲看着儿子在成年人世界里从旭日朝阳到如日中天，无论是在工作、家庭，还是在社会环境中，父亲都认同儿子。但是现在，已届中年的儿子在成年后第一次呈现出走下坡路的状态——他已不再是那个"少年英雄"了。面对儿子英雄形象的逐渐磨灭，有些父亲对儿子自我照料的能力开始评头品足，但那其实是父亲对自己的担忧，担忧自己老来无用，余生都只能靠他人而活。他们只是愤愤地把这些担忧潜意识地转移到了儿子身上。

所以，年老的父亲需要找到新的方式去适应自己的晚年生活，并让自己的人格继续成长，而非一味地攻击儿子。他不能再通过儿子的人生，来实现自己未竟的英雄梦想；他需要尊重儿子的中年生活，即使他的生活并不如己所愿，但那也是他选择的生活。

一位父亲，需要直接面对自己的衰老和迟暮，如此方能体验到自身生命的完整。

儿子帮助年老的父亲

除了帮助儿子渡过中年危机，老父亲也要面对自己的危机。在成年晚期，时光荏苒，岁月如梭，生命也逐渐走向尽头。这种从中年就萌生的"时不我待"的危机感会不断增强，愈演愈烈。另一方面，父亲对儿子（及其他孩子）的感情通常错综复杂，儿子对父亲的态度亦大都爱恨交织，这些都会让父亲不知所措，乃至痛苦不堪。

埃里克森认为在这个阶段里，男人会体验到强烈的冲突——他既体验着自我整合，又体验着自我厌弃与绝望。[7] 因此，年老的男性会利用自己曾经获得的成就与荣耀，结合平生所学的知识，去平衡自己此时的焦虑和孤独。一个幸运的男人会因此体验到生命完整的意义与价值。他会活在当下，尽管有着身体和情感上的局限，但他们仍然可以保持活力，积极参与生活，在耗竭与重建之间找到一种平衡。

与此同时，处在中年期的儿子也会更加接受自己的局限，逐渐认识到人生苦短。他发现自己有可能放下成见，找到一种方式去接受父亲曾经给予的爱，即使这份爱再怎么残缺。即使与父亲之间的矛盾不可调和，儿子也会想要与逐渐老去的父亲在死别之前重新建立一些联结。与此同时，对于那些父亲角色做得不怎么成功的老人来说，重新修复与儿子的关系也并非没有可能。简而言之，在两个男人的中年和晚年的生活里，无论他们先前关系如何，父与子都会情不自禁地趋向原谅与和解。他们不自觉地都想要做出一些补偿，我相信这是一种与生俱来的倾向——双方都希望自己有机会与对方达成和解。

艾伦是我的一位病人，已年近 60。近来他告诉我，他去探访了自己 86 岁的父亲奈德。奈德生活在亚利桑那州的一个退休社区里。多年来，艾伦一直都在抱怨父亲身上不受控的强烈自恋倾向。这个老人从来不关注自己的儿子，他只关心自己。艾伦在治疗中非常努力想要更好地理解父亲，于是，他开始更深地走入父亲的过往，去了解父亲曾经的模样。

奈德是家中独子，他的父母是北欧移民。奈德的父母很长时间都在做着粗重的体力劳动，他们每晚都靠喝酒入睡。在意识到奈德"从没有获得过他自己父亲的陪伴"后，艾伦开始共情父亲内心的痛苦和空虚。虽然仍然觉得无法很长时间与奈德待在一起，但艾伦的愤怒在削减，甚至逐渐被怜悯所替代，他开始同情起父亲的遭遇。

艾伦意识到，奈德无法给出他自己都没获得过的东西，即使这些东西如此简单。在几个月的心理治疗中，艾伦明白了，奈德无法成为他内心中期待的那个父亲。尽管如此，他还是看到奈德做出了努力——那是一个父亲，竭尽全力在自己受到局限的世界里，为了表达对儿子的爱与关怀所做出的努力。对于这个理解，艾伦的体验很好。于是，对于到底是继续向父亲索取，还是回馈父亲，艾伦便不再纠结。

在艾伦最近的几次探访中，父亲奈德花了几个小时去翻阅他让妻子为他做的剪纸簿，那里面详细记录了奈德所有专业和运动成就。艾伦告诉我："看着他用那布满斑纹和颤抖的双手去翻阅这本剪纸簿时，我第一次意识到，原来他在用自己的方式跟我产生联结，他试图找到一种方法把自己呈现给我，他试着在告诉我'我想要足够好，这样我就能足够为你好'。我从来没有这样想过。我以前只听到他为自己的过去叹息，吹嘘着自己的成就。但现在，当我把怨恨置于一旁，我会看到这个悲伤的老头正在试着靠近我。我这才明白，原来他在向我证明他对我是有价值的，他希望我能看得起他。他根本没有其他任何办法来靠近我。突然间我意识到，我希望他成为一个我所期待的父亲是没有意义的，因为我也不是完美的。在我有生之年，我从未体验过我可以对我爸如此温柔。"

奈德体会到了儿子对他的理解，他因此也感到了放松。两个男人在接下来的相处中自在了许多。奈德发现自己不再需要总是去证明他是一个好父亲，是一个成功的男人。因为感到不再需要为自己不断正名，所以奈德有了更多心力为自己的儿子感到骄傲，他更可以直接告诉艾伦"我为你感到骄傲"。

尽管在奈德获得更稳定的整合感之前，他还有很长的路要走，但他已然向前跨出了一大步。这大部分要归功于艾伦，是艾伦的觉察和原谅赋予了奈德作为一个父亲的价值，这也让父亲的生命在晚年有了延续下去的意义，没有让其陷入孤立、绝望和痛苦中去。

孤独和寂寞无疑是老年人最大的问题。随着伴侣以及亲朋好友的逝去，老父亲的孤独感也会与日俱增。因为男人的寿命通常比女人要短，所以以能让幸存下来的男人和彼此分享他们相似的晚年生活的同性伙伴并不多。而且，由于周围常常更多是女性，所以老年男性会尤其渴望男性同伴在旁。所以，一个儿子以朋友的姿态走入父亲的晚年生活，这会让父亲感受到联结和亲密，甚至让他感到生活更有意义，更有活力。事实上，在晚年生活中和另一个人保持亲密，是能够让人远离孤独和绝望的。正如老年医学研究者和精神病学家埃瓦尔德·巴斯（Ewald Busse）发现的：晚年有无知己，是一个最重要的区分因素——用以区分哪些老人要去养老院，而哪些老人可以留在社区积极地生活。[8]

如果一个中年儿子可以更多参与到他父亲的生活中去，便可以帮助他的父亲保持兴趣，关注他人，也可以帮助父亲积极参与社会生活。然而这条路并不容易，甚至总会遇到困难与挫折，但一个意志坚定的儿子总能找到方法帮助自己的父亲。

我很幸运，因为我可以这样帮到自己的父亲。在我父亲的晚年，他得了重病，非常虚弱。但即使这样他仍然热爱运动，尤其是棒球。我认为这是他向我表达爱的一种方式。每一次我去老年公寓看望父亲时，我们都会在一起看棒球比赛，两人总有说不完的话。

在一次探访中，我忽然觉得我应该带他去现场看比赛，尽管他有些迟钝，记性也不好，甚至连走路都困难，但我总觉得他会爱上置身于棒球场的那一刻。一周以后，我开车带他和他的步行器去道奇体育场，去看我们喜爱的道奇队比赛。整个过程下来并不容易，我和他都要忍受身体上的不适，我们双方都有太多的尴尬和不耐烦。然而最后我们还是一起圆满地结束了这次看球过程。我们当时都能意识到，那个下午我们父子俩，彼此让对方的生活获得了充实。

在后来的几个月里，甚至几年时间里，无论我何时再去养老院看他，我都会提到那个下午。在那些他所记得的日子里，那个下午的回忆，总是让他脸上浮现出一抹微笑。对于我来说，我获得了三种快乐：①是我促成了那个难忘的下午；②我的父亲很有风度地接受了那个下午的馈赠；③对小时候他带我去看过的所有那些比赛，如今我可以做出部分的回报。

然而，不是所有的父亲都能接受儿子的馈赠。有些男人会因为尴尬、愤怒或者恐惧而无法接受儿子的帮助，不管是在经济上、情感上还是在身体上。于是，老人常常对他们的儿子表现出苛责和不满，让儿子像他们自己一样无助。从长远来看，这些被证明是消极的、自伤的。

试举一例。沃伦是一个中年男人，他因父亲去世带来的抑郁反应前来求助。沃伦一直尝试着去做一个体贴的儿子。他告诉我，尤其是在母亲去世后，沃伦帮父亲查尔斯卖掉了房子，并帮他搬进了老年公寓。然而，对查尔斯而言，沃伦做什么都不够。查尔斯越是指责沃伦不是一个好儿子，他们彼此之间的憎恶就越多；很自然，两人的关系也就越来越紧张，沃伦去看父亲的次数也越来越少。查尔斯总想不断证明：没有人可以按照他的心意来照顾自己。这导致他越来越孤独。沃伦想要保护自己免受父亲的攻击，但对于不常去看父亲这件事，他又怀着巨大的内疚感。

他们之间的关系变成了一场剑拔弩张的拉锯战，两个人都为此承受着巨大的痛苦。终于数年之后，查尔斯在孤独、绝望以及痛苦的埋怨中死去。尽管沃伦体验到"我终于不用为自己不去陪他而感到内疚了"这种非常表浅的释怀，然而在更深的层面上，他仍然在和自己作战，他和父亲之间的矛盾没有完。他希望他当初能说出个什么神奇的词，那样也许查尔斯能对他更友善更体谅；同时，他也深感痛苦，因为他曾经希望父亲早点死掉。未完结的悲痛困扰着他，让他无法哀悼父亲的离世，自己也无法前行。

最后，沃伦的自我攻击和绝望把他带进了我的治疗室。在治疗过程中，我帮助他更好地理解了为什么父亲的离世让他感到抑郁。在治疗中，他与父亲查尔斯充满冲突的关系，尤其是这段关系中不被他自己所接纳的那部分情感和需要被揭示以后，其抑郁症状开始消退。沃伦最终意识到，问题并不在于他没有给父亲提供足够的帮助，而是他的父亲，从来没有学会如何接受帮助。有了这样的觉察，沃伦开始体验到哀恸，他为自己，也为父亲感到惋惜。

我总结了老人查尔斯晚年生活的各种困难，他无论是在付出还是在索取方面，都很纠结。他的一生大部分在孤独中度过，他从没有与儿子联结上。为此，父与子都付出了惨痛代价。然而，大部分父亲与查尔斯不同——尤其是那些持续参与儿子的生活的父亲——他们更能突破晚年的局限，感激儿子对自己的付出。这些足够好的父亲能够在老去这件事上看到自己的愤怒和沮丧，并会努力处理这些情绪。他们明白，儿子是自己最主要的帮助者，因为儿子是被自己养育得很好的人。也就是说，他们正在收获自己曾经种下的果实。

当年迈的父亲与儿子发生冲突时，敏感的儿子可能会察觉到：这些冲突实际上是发生在父亲内心世界里的。要知道，向另一个男人展示脆弱、消极和无助，尤其当这个男人还是自己儿子的时候，这对一个父亲来说是相当痛苦的。但是，如果父亲表达痛苦的方式像查尔斯一样，是通过拒绝儿子，甚至是吹毛求疵，那么这对后者也会产生很不好的影响。在理想情况下，儿子需要找到一些方法去化解这些矛盾挣扎，并向那个正在老去的男人提供不失其体面的帮助。这些方法最好能让他的父亲感到：人到晚年获得帮助乃是必要而非多余的。若儿子能接受父亲的脆弱，那么父亲就更容易接受自己的脆弱，进而接受帮助。

再举一例。厄尼是一家苗圃机构（plant nursery）的拥有者，他是被我督导的一位治疗师的病人。他的父亲吉恩曾经是一个金融大鳄，在股票市场做得风生水起。事实上，吉恩曾经贷款给厄尼，帮助他启动事业。一直以来，厄尼都会仰仗父亲在投资方面的建议。但吉恩在中风之后，已经没有精力去盯着厄尼的投资了。现在轮到厄尼来挑大梁，这让父亲吉恩非常紧张。像很多男人一样，父亲吉恩所感受到的男性力量与他在这世界上体验到的掌控力直接相关，他既不愿依靠他人，也不愿坐等生命退场。一开始，吉恩要求厄尼的每笔投资都给他过目。对于一些利害攸关的决策，厄尼也会继续征求父亲意见，他也确保父亲能参与自己做出的所有决定。当吉恩看到厄尼仍然看重自己的建议时，这个年迈的老人会为自己培养了一个如此通情达理的好儿子而感到欣慰。这反过来也帮助老吉恩放松自己，不再那么控制。

厄尼对父亲的失落与无助是敏感的，这帮助了父亲去承认并接受自己的局限。值得称赞的是，吉恩也能及时改变对自己的看法，那就是：即使不再掌舵，自己也是有价值的。吉恩不再要求自己时刻保持坚强自立，他也开始学着接受并欣喜于儿子的能力。最重要的是，他开始接受自己不够男人的那一面，尽管他并不习惯，也可能会被嘲笑，但他发现之前"不够男人"，在生命的这个阶段也是有意义的。

正如大多数男性的晚年生活一样，吉恩找到了意义，也接纳了自己。就像我在本章一开始提到的，老年人往往关注冲突的解决，无论是解决与他人的冲突，还是解决自己的内心冲突。即使是那些出于恪守"男性"刻板形象而显得自主强势的人，比如以前的吉恩，也会变得友善且温暖，宽容且平静。其实，大多数老年男性会越来越允许自己运用曾被视作女性化的自我部分，比如更多表达自己，更愿意把自己投入到关系中去。正如跨文化心理学家戴维·古特曼（David Gutmann）在他的跨文化观察报告里所提到的那样：男人在他的晚年生活里，会变得更加雌雄同体。[9]

并且，我自己的研究也表明，与早年相比，雌雄同体并不会消减老年人性别意识中身为男性的感受。事实上，大多数成熟的男人，他们的男性魅力到了老年都会更加流动且复杂。

哀悼父亲的离世

年迈的父亲即将离世，他们往往会想自己死后可以留下些什么。这些父亲回顾自己的一生，意识到他们帮助儿子克服了身体的、心理的以及情感上的障碍，于是在获得更深的自我价值感的同时，也让自己生命得以延续的愿望获得实现。这种父子间终生的男性联盟是芬兰精神分析师韦莎·曼尼宁（Vesa Manninen）所说的"男性事业不可避免"中最出彩的部分。通过相互之间积极地参与，父亲知道他可以不死，因为他活在儿子的心里。正如曼尼宁所说：

> 如果父亲相信自己对儿子的付出是值得的，他会活在儿子的心中，且不强迫儿子依附于自己。那么，无论是当下还是永久，他都会成为儿子独立成长过程中最滋养的那个部分。他身体的腐朽，会自然而然地转化为其存在的不朽。[10]

当父亲知道儿子能从自己身上有所学习，自己成为儿子的一部分时，这位父亲也许就能背负起生命中最困难的挑战：超越死亡。对儿子而言，这个不得不和父亲说再见的过程，远非参加一个葬礼然后送父亲入土这么简单和短暂。吉普赛人有句俗语，"欲葬汝父，必掘其深"（You have to dig deep to bury your father）。也就是说，正如很多儿子所发现的那样，在父亲死后，他们还有很多的事情要做：他们要意识到父亲在自己心里仍以何种方式存在。通过开启这个内在的探索过程，也随着儿子对自己和已故父亲的理解及接纳程度的提高，儿子会在父亲故去以后，继续与其和解。

比如，父亲死后，中年儿子突然成为"家中长者"。这个地位的急剧转变，等于是宣告他取代了自己早年内化的父亲，这会迫使他重新审视分离这个主题。与此同时，中年儿子需要处理与母亲的关系，尤其是如今正在寡居的母亲。

儿子在照顾母亲的过程中，过去的某些发展议题（比如与身体亲密相关的俄狄浦斯焦虑，以及曾经未解决的愤怒）会被再次激活，会出现并需要得到处理。当中年儿子被再次置于与年迈母亲"单独"相处的情境中时，那些被埋藏了很久的情感、冲动和幻想会再次浮出水面。于是，就像当初儿子与父亲调换角色一样，他现在也需要重新处理和母亲之间老的问题，以获得新的领悟。

健康父子关系带来的好处，就是让人获得超越死亡的力量。如果父子之间没有根深蒂固的矛盾冲突，儿子的悲痛就会像弗洛伊德在他的经典论文《哀悼与忧郁症》（Mourning and Melancholia）里所写的那样自然地发生。[11]弗洛伊德解释说，如果儿子可以意识到他对父亲的愤怒、憎恨以及对父亲的爱和关心，意识到他与父亲的情感联结，那么他就很可能整合这些矛盾的情感，从而继续自己的生活。然而，如果健康的悲恸和哀悼没有发生，那么往往是因为儿子太爱父亲，从而无法表达愤怒及其他的负面情感；又或者是因为儿子太恨死去的父亲，以至于他无法表达爱和怜悯。于是，活在世上的儿子会长久地沉浸在丧亲之痛中，无法走出来。既不能充分哀悼，亦不能放手（就像那位自我贬低的病人沃伦一样），儿子最终会因内疚和自我谴责而丧失功能。就好像那位已故的、非常挑剔的父亲渗入到儿子的体内，让儿子不断地自我攻击一样。

如果父子关系足够好，或者像书中案例所展示的那样（父子关系不够好但两人最终得以和解），那么儿子便能携带着爱，更好地整合自己对父亲的失望。他会感到希望未泯，而父亲的失败亦可被原谅。如此情况下，哀悼便会自然而然地发生，儿子走过悲伤、失去、愤怒、爱和感激，而后让父亲真正离去。

乔妮·米切尔（Joni Mitchell）写过一首著名的歌《圆圈游戏》（the Circle Game），它恰如其分地记录了一个小男孩有一天突然发现自己变成了男人，而且还将成为另一个小男孩父亲的冒险经历。[12]与世界上许多伟大的宗教一样，这种生命理念会认为人生旅程不会因死亡而结束，而是会以让人意想不到的，甚至是充满惊喜的方式继续进行。

就像父亲和儿子在他们生命的早年阶段（学步期、潜伏期、青春期、成年早期和成熟期）相互需要那样，他们彼时可以给对方提供在别处获得不到的、独一无二的帮助；此时，身处人生之最后阶段，他们依然能够相互扶持。这种相互的扶助与指导，甚至会持续到生命的最后一刻。

那些父子关系经历过挑战，却依然保持互动和亲密的父子，会更倾向于重建关系而非相互消耗，也会倾向于继续向前而非沉溺于过去。父子俩会面临新的挑战，但他们的关系依然可以获得回暖的机会，从而让彼此收获更深的联结与和解。

在各自生命的尽头，两人可能都会发现自己已然获得了一种成熟的智慧，这种获得本身，就是一个伟大的成就。此智慧能让他们看到：人总会有机会去反思，去承认，去整合，去珍视生命中那些无比微妙且丰富的转变，去接受我们存在的轮回性：此身虽死，此神不灭。

在《圣经·创世纪》中，我们看到了族长雅各离世时的动人场景。雅各很明白一个垂死之人对孩子所应担负的责任。感到死之将近，他将十二个儿子唤到身边。"你们过来，"他说，"我要告诉你们未来几天将要发生的事情。"他挨个同儿子分享了自己的智慧与建议。结束后，他说："我受到召唤，将要回到我的祖先那里了。请你们将我，与我的父辈一同埋葬。"[13] 这种连绵不绝之父性所传递出的希望，通常是父亲赠予儿子的最后一个，也是最伟大的一个礼物。

第 10 章

结语

生命的弧线

父若知子，智者也。

——莎士比亚，《威尼斯商人》

整本书下来，我邀请读者跟我一起反思了父亲和儿子从出生到死亡的整个生命历程。无论父子是否有机会并肩同行，父亲和儿子在彼此生命的重大转折期，都是一个可以真正帮到对方的特殊存在。我认为，如果父亲和儿子可以一直相互影响和扶助，那么最终，两人都有机会获得"究竟怎样才算是一个完整男人"的深远领悟。

在另一个更加含蓄的层面上，我也邀请各位将你自己生命旅程中的各个发展阶段进行了一次梳理和概念化，让你了解到每个阶段会对自己产生怎样的影响。我们知道，很多作家、哲学家，以及伟大的思想家都思考过人生的发展阶段问题，并试图找到每个阶段的发展特点，及其对我们人生的意义和影响。比如，莎士比亚就在戏剧《皆大欢喜》中假定了男人一生的"七个阶段"。根据他的描述，我们从哭泣的婴儿开始，然后成长为学童、恋人、士兵、年轻人、中年人，最后成为老叟，或者说"第二次成为孩童"，紧接着被"全然遗忘"。

许多心理学家、精神分析学家以及社会科学家们，会以更严肃的专业名词来描述男性的发展阶段，但是鲜有人将"身为人父"的重要性考虑进去。我本人把"身为人父"作为考量男性发展的一个维度，详细阐明了一个成年男人的人生旅程，是如何受到"父性"这个因素的深刻影响的。而且这本书并不认同"孩子会成长，而父亲只会老去"这样的陈旧观点，我强调父子联结并非静态，而是持续发展的；我强调父子关系并非单向，而是双向互惠的。换句话说：父与子，在两人的生命历程中都会因对方的存在，而持续发展和改变。

成年人发展和儿童发展一样绝非线性，它是一个充满着进退交织的系列过程。要知道作为成年人，我们在儿童身上看到退行并不会感到奇怪，比如三四岁已经做过如厕训练的孩子，他们在进幼儿园以后又会有"小意外"出现；又比如十几岁的青少年，你不让他晚上回家太晚，结果他像小时候那样乱发脾气……但是进二退一的可不止孩子，成年人通往成熟的道路常常也是蜿蜒曲折的，我们每个人在前行的过程中都难免退行，或者绕行。

在男人曲折蜿蜒的人生路上，他总有机会重新反思和重估自己先前深信不疑的某些人生见解，实际上这些见解可能并没有它们看上去的那么牢固。正如我在前几章谈到的，即使是男性的性别认同，也会在其生命的特定阶段不断受到挑战，甚至被重新界定。比如，对青春期晚期和成年早期的男人来说，他们常常会用性能力和耐受疼痛能力的强弱来界定一个人是不是有男子气概；到了成熟期，他们可能会更多地用职业方面的成功以及赚钱养家的能力来判定自己够不够男人；最后来到中老年，男人通常会对所谓的男子气概有更灵活的理解，因为他们会用自己是不是一个好父亲，自己是不是具备足以影响后人的繁衍感来评价自己这一生的成功与否。于是到了这个阶段，男人身上的滋养性和女性化的部分会被更加饱满地整合进来，以此积淀为成熟的男性观。

然而这些改变并非发生在真空之中。男性发展深受其环境影响，所以我才在本书中以放大镜视角来观照男性一生中最重要的交互型关系：父子关系。但是父子关系亦非静态，父子两人在共同的发展历程中，他们可能在此阶段走近，在下个阶段又会远离；他们此时为盟友，彼时可能又成了缠斗在一起的对手。但无论两人的生命历程是平行还是交叉，这段父子联结在他们的生活中始终如基石般重要。

建设性的改变：打破"强迫性重复"

然而，这段重要的父子关系却有可能朝着许多不同的方向发展。正如我已详加阐述过的那样，父亲可以有深度、有建设性地参与到儿子的生活中来，学会识别和确认儿子的独一无二性，保护他们，供养他们，引领他们，指导他们，帮助他们从男孩蜕变为男人。但是，身为人父，你也有可能忽略儿子，抛弃儿子，虐待儿子，又或者完全无力引导他们有效地应对这个世界。这时候问题就来了：那些没有足够好的父亲的男孩们，他们该怎么办？他们也可在成人的世界中脱颖而出吗？他们自己也有机会成为足够好的父亲吗？

答案是肯定的。即便是这些男孩，他们也有可能战胜不良养育的负面影响，尤其是在允许自己获得他人帮助的情况下。这本书中的很多例子，描述的就是这种男性——他们在理解自身和理解儿子的勇敢尝试中，终究寻觅到了方法，让自己不完整的男子气概变得更完整，让自己对自身和对儿子的理解由片面变得成熟。

这样做最重要的好处，就是给了男人一个机会——不再用自己小时候受过的某些伤害，重复性地再去伤害自己的妻子、儿子、女儿。正如欧里庇得斯（Euripides）两千五百年前所说："诸神会让父亲的罪愆降临到儿子头上。"[1]为了打破这种被弗洛伊德称为"强迫性重复"的循环，男人需要对自己和父亲的关系保持更强的意识觉察，尤其是对那些他自己不认同，但又潜意识内化了的父亲特质。[2]这种情况在第 8 章艾瑞克的例子中得到了充分说明：我 35 岁的病人艾瑞克，勇敢地承认了自己对儿子梅森的侮辱行为，并为自己的错误承担了责任——他没有让自己父亲老罗曾经对自己的侮辱模式，继续传递下去。借助一些必要的领悟和觉察，一个男人就可以阻断过往伤痛的代际传递，无论这种传递是通过潜意识自动反应的形式，还是通过不自觉地完全反其道行之的方式。

我本人其实也很难认同自己父亲的某些方面。所以在当了父亲以后，我也会避免和儿子之间产生某些像我和父亲之间那样的互动。我父亲主要由他的妈妈和姐姐养大，所以他从小到大都很难应付冲突和攻击性。在他当了父亲以后，他仍旧做了他那个时代的父亲常干的一件事情：几乎把孩子完全交给女人带。所以到了我这里，我就主要是由妈妈和外婆带大（我幼年时一直和外婆共用一个房间）。其结果是：我早期的分离－个体化和攻击性需要均不能被父亲理解、涵容，他默默地把这些问题甩给了我妈——这导致我后来也不知该如何有效地处理自己的这些需要。

我的父亲在处理家庭矛盾方面几乎总是避而远之的，所以在我自己做了父亲以后，每每遇到家庭矛盾我也是情不自禁地想退场，对我而言这样既可以规避矛盾又不会打破自己的"好爸爸"形象。但是从潜在的冲突情境中退场，让我既帮不了自己的孩子，更支持不到我的妻子。所以这些年下来我要面对的挑战之一便是：每当回避冲动出现时，我都会强迫自己待在家庭环境中不退场。要做到这一点，我就不得不向自己承认：其实我内化了一个"不情不愿"的父亲。

但我努力地面对这个内化的父亲，并一直试图改变。长此以往，我不再一嗅到冲突的味道就退场。针对孩子的需要，我会发出自己作为一个父亲的声音；同时我也找到了方法，再次和妻子结成了育儿方面的"战友"——这意味着我在看到并认可儿子分离－个体化需要的同时，也尊重和支持自己的妻子。

更为重要的是，我作为一个父亲要尽己所能帮妻子理解和支持儿子的发展。如果一个母亲可以看见、支持并认可儿子的男子气概（不因儿子的攻击性需要和分离需要而感到威胁，也不因自己对男性的仇恨而打压儿子），那么她就可以减少儿子成长中的内在冲突。

比如，儿子在成长过程中会试图与母亲分离，一个母亲如何应对这种分离需要就显得十分重要。她需要涵容自己的分离焦虑、丧失恐惧，以及对于儿子步入男性世界，及其与父亲萌生情感联结的嫉妒情绪。如果男孩在与母亲分离的过程中得不到后者的支持，那么常见的情况就是：他会内化一种针对父亲的敌意，有时他甚至会对自己身上的男子气概产生敌意。这种敌意最终将阻碍他发展出健康的攻击性、掌控力和权威感，因为他在内心里常常会错误地认为：我身上那些具有"男性色彩"的攻击性，要么会伤到我生命中重要的女人，要么就是在和女性整体为敌。

如果父亲参与度高的话，则在很大程度上可以防止上述情况发生：同为男性的他，可以把儿子正在萌芽的男性特质正常化，并向自己的妻子解释这个现象。父亲在此过程中主要充当翻译官的角色，他把儿子行为的意义转译为妻子听得懂的语言，并让她看到这是自然发展而非病态的。如果一个父亲可以当好翻译官，把对儿子的深度理解转译给妻子，那么他就可以加强自己和妻子之间的"战友"关系。在这种理想的情况下，无论儿子年龄几何，他都会感到自己是一个被好爸爸和好妈妈同时爱着的好儿子。我的观察是：这种携带着"爱的三角"的儿子，长大以后更有能力找到合适的伴侣，并与之建立一种有爱、有承诺的亲密关系。

总而言之，父亲和母亲都需要支持而非阻断儿子与对方的联结。如果父母做不到这一点，儿子的男性价值感很可能会受到损害。

心理学家斯蒂芬·迪卡（Stephen Ducat）如此写道："在这种环境中成长的男孩，很少会恶意地嫉妒母亲和其他女人。他们既能认同母亲，亦可认同父亲。他们不太会害怕或贬低自己身上'女性化'的特质，也较少在成年以后做出所谓'超级爷们儿'的冲动行为。"[3]

父亲的遗产

我和我妻子的付出都有了回报。几年前我着手写这本书的时候，我的女儿去上了大学。当我开始写这个结语的时候，我和妻子刚刚又把我们 18 岁的儿子送去波士顿上大学。

一个男人很难想象，当初他还握着刚出生的儿子的手，然后有一天看着这个小男孩去上学前班，学习开车，开始自己的事业，组建自己的家庭，也有了自己的孩子，最后看着他变老。其实作为父母我们已然明白了一个道理：我们越不想放开孩子们的手，我们就越清楚最终我们总是要放开。如果我们时不时忘记这个道理，我们的孩子也会提醒我们：他们会挣脱我们的手臂，会摆脱我们强加在他们身上的禁锢，会拒绝接受我们提供的建议。得失相依，悲喜共存，正如我们看着孩子成长，也看着他们离去，真是一道生命的轮回。

当我们怀抱着自己的孩子，当这个孩子长大成人出门第一次约会的时候，我们目送他离开——作为父亲，此时我们不只会想象孩子的未来，也会怀念自己的过往。我们仿佛也看到了那个曾经的自己，第一次上学，第一次在比赛中进球，第一次坠入爱河，第一次凝视自己刚出生的孩子……在这些画面中出现的，除了曾经的自己，还有我们曾经的父亲，无论他依然健在，还是已经逝去，我们在内心中与他的对话依然在延续。

随着儿子的离家，我们的房子突然间变得空荡且安静。同时，我的内心变得更加宽广也更少挂碍。我知道我对儿子的影响正在减少，这既让我轻松，又让我沉重。我既感到悲伤，亦感到难以言喻的喜悦，因为我知道我的"小男孩"此时正带着那些美好而丰厚的记忆住在我的内心深处——他正在成长为一个年轻的男人，正如他的姐姐已成为一个年轻的女人。我会很高兴去重新认识这个男人，在接下来的岁月里，我们也许会建立起一段崭新的关系。很快，我们会以两个成年男人的身份，一道去经历生命中各自不同的阶段。我只希望他也愿意用全新的方式去认识我，与我相处。

无论未来如何，我期待与我的孩子们继续这场早已开启的平行的旅途，正如我跟父亲曾经那样——在各自充满新奇和未知的生命旅程中，既相濡以沫，又相忘于江湖。

失去与悲痛，欣赏与感激，失望与接受——在父亲与儿子倾其一生迈向成熟的过程中，这些情感和心态会变得更加微妙，也更易被容纳。如果一切顺利，每个男人都能在晚年领悟到一种成熟的智慧：在真实而有爱的父子联结中，父和子都能更饱满地领悟到生命循环且进化的本质。

如此一来，父亲得以通过自己的孩子，感受到永恒。每一次，父亲要执起孩子的手；每一次，父亲也要放开他的手。这样，他便能给自己的后辈留下一份无价之宝。即使在父亲死后，儿子也依然会保存儿子这一身份认同，其父亲生前深厚的影响依然会在其心间延续。正如菲利普·罗思（Philip Roth）在《遗产》（*Patrimony*）中写到的："就算没有出现在我的书里，也没有出现在我的生活里，那至少在梦里，我也会永远作为他的小儿子存在。我若是他的儿子，那么他就不仅会作为我的父亲，而且还会作为一位慈祥的先人，在另一个世界审视着我所有的言行。"[4]

简而言之，一个男人作为父亲的所想所为，会对其后代产生巨大影响。他的态度和行为会成为家族编年史中的一部分。他的故事会被经久传诵，不论是在他生前还是身后。每当这些故事被再次讲述时，儿子都能感到与父亲更为亲近；父亲也能体验到自己在儿子心中所处的重要位置——那是在儿子一生中，都很显著的一个位置。

代际间的联结

纵观全书，我都在强调父子联结在代际间连续传递的重要性。我本人对此是有真切体悟的。在父亲逝世前不久，出于他健康日益恶化之缘故，我和姐姐决定将父亲迁往私立疗养院居住。他的心脏依然强健，但是语言和认知能力已然大幅衰退，若要走动也只能使用轮椅。

父亲每天大部分时间都在睡觉，清醒时和我们的交流大都也是用微笑、点头、眼神接触或是偶尔的几句嘟噜来进行。我的儿子阿莱克斯当时 6 岁，他经常陪我一起去探望爷爷。虽然他去了之后很快就会感到无聊而且想走，但他很少会拒绝和我一起去探望爷爷。

那是一个南加州秋天的美丽下午，周六，阿莱克斯和我决定推着父亲出去散个步。当时阿莱克斯在居民区的街道上引导着轮椅前进，而我则想起小时候爸爸曾给我唱的他最喜欢的叮砰巷（Tin Pan Alley）歌曲，于是我问爸爸，他是否还记得这些曾经钟爱的歌谣，他点了点头，甚至还喃喃地哼起了《当红色知更鸟来的时候，鲍勃波比也跟着来了》（When the Red Red Robin Comes Bob Bob Bobbin' Along）这首歌。阿莱克斯笑了，他立马说道："爷爷，爷爷，我知道这首！"他知道这首歌，是因为我在他还是个学步期娃娃的时候就唱给他听过。很快，我们祖孙三人就开始一起唱歌。我们围着居民区继续绕着圈，这给了爷爷教小孙子"新歌"的机会——《肩并肩》（Side by Side）、《鸳鸯茶》（Tea for Two）、《我想娶一个像妈妈那样的女孩》[I Want a Girl（Just Like the Girl that Married Dear Old Dad）]，而阿莱克斯则演绎了拉斐（Raffi）的《白鲸宝宝》（Baby Beluga）。我们三人厚着脸皮在居民区提着嗓门唱了一个下午，笑容从每个人的脸上溢出来。回到养老院以后，父亲感谢了我们。我注意到在爸爸和阿莱克斯亲吻告别的时候，两人的眼中，似乎都闪着光。在和儿子一同回家的路上，我觉得自己作为一个中间人，让爷爷将他对于生活的爱，传递给了孙子。

一年之后，也就是父亲 96 岁的时候，他的身体真的不行了。一个早晨，我接到疗养院打来的电话，他们告诉我父亲已经过世，当时我并不惊讶。赶到他的房间后，我和父亲独自待了儿分钟。过去几个星期从医院进进出出的折腾，也难以带走他临终前平静的面容。我感到轻松。实际上，在过去的几年里，我都在哀悼他的逝去。我的哀恸就像此生和父亲的关系一样——柔和，无甚冲突，情感上无妨无碍。

几天之后我们为他举办了葬礼。葬礼由我主持，我阅读了他的作品（他一直骄傲于自己所写的诗歌和信件，他在几年前把它们交与我保管），分享了我所体验到的他这一生的意义。葬礼结束后，一些朋友和家庭成员参与了一个小型的入葬仪式。在那里，孩子们、妻子，还有我自己，获得与父亲最后道别的机会。

但是纵览全书，你们也该知道其实我的父亲并未真的离开我。父亲今日仍与我在一起，这种感觉甚至比十年前更强烈。他活在我的梦中，活在我转瞬即逝的思绪中，又或以一些更无可言说的形式存在于我的世界中。另外，他还存在于此书想表达的父性精神之中，和我在书里的个人分享之中。父亲的力量和他的缺点，今天依旧存于我身。每当我反思父亲、儿子，还有我自己的人生时，我似乎都能看见一根无形的、富有弹性的丝弦。这根丝弦允许我们彼此自由地走远，但同时也允许我们以无数超越时空的形式重逢。

虽然我的父亲从未有机会听他的孙子吹萨克斯管，也未曾见过他在棒球场上如我当年那样挥洒汗水，但我确信无论是爷爷还是孙子都能体验到某种丰厚而有价值的联结，这份联结不会被衰老所摧残，也不会为童真无知所淡忘。此去经年，即使只有一些回忆和感情存于潜意识之中，儿子也会在自己身上找到爷爷的深深印记，还有那份经过数代人传递下来的、男人和男人之间的、充满爱的联结。我丝毫不怀疑，若有一天儿子自己也能成为父亲，他也会把这份充满爱的父性传给将来的世代。

* * *

我写这本书的目的，是希望帮助男性好好抚育自己的儿子，倘若如此则父子双方皆可在一个充满爱的关系背景中，持续不断地发展和成熟。实际上，对男性的教育一直以来都是人类社会关注的焦点。《圣经·创世纪》这章，从某个角度上看，就是一部致力于指引男人获得父性，从而将一种有价值的生活方式传递给儿子及子孙后代的作品。想象一下亚伯拉罕和他的儿子以撒，以撒和他的儿子雅各与以扫，再有雅各与他的十二个儿子——无一不是彼此竞争，彼此学习，无一不是力图走出彼此的阴影。

然而在我看来，男性教育却不应拘泥于传授技术和策略，而是应提供一整套过程和途径，让男人得以看见并欣赏孩子的差异性；让他们拥有自我反思的能力；使他们具备在必要时有为，而在另一些情况下不妄为的智慧；让他们拥有在变化无常的生命历程中，始终愿意参与到孩子生活中去的、不退场的勇气。

父亲看见儿子的独一无二性（无论这种看见发生在儿子幼年、成年，还是两人的晚年）的能力，能让一个父亲瞥见那难以言喻的、隐藏在自身前意识之中的生命脆弱性。我们甫一降生便向死而生，这本是存在之事实，无须赘言。但是直到我们当了父母以后，对死亡的觉察才会更加清晰。男人在当了爸爸以后，会逐渐形成所谓的"父亲时间"，他会根据自己和孩子的关系来感知岁月和时间——孩子过去如何，孩子现在怎样，孩子将来又会成为什么样子？儿子降生后我们看他的第一眼，我们抚育这个孩子，我们指导他，面对他的分化需要时我们亦感到挣扎——总而言之，我们得想法子和一个与我们如此相似，但在本质上又独一无二的人亲密相处，度过一生。

所以男人在看自己儿子的时候，他既会体验到生之有限，也能窥见生命不朽的可能。"除非发生悲剧，"一个参与度高的父亲会对自己说，"否则儿子必能活过我，他便是我的第二次机会，是我生命的延续。"

*　*　*

一个男人要获得此种领悟，并不一定要成为父亲。但是那些有幸成为父亲的男人，却有着独一无二的机会，在与儿子共同成长的过程中理解身为男人的意义。男人本就是矛盾的，这对我们为人父的过程提出了挑战，这使得我们要对不确定性保持开放，要对自己和他人身上的矛盾有一定程度的接纳。

再者，正如我在本书中反复提及的那样，如果一个男人把父亲这个角色作为自己身份认同的核心，那么他就有了一个坚实的基础，在此基础上他能和儿子一起领悟到：什么才是广义的"男子气概"。一个男人，若能对儿子和他人提供关爱，对此不躲闪不羞愧，那么他根本无须激烈地捍卫自己的"男子气概"。因为大写的男人，既珍视联结，又强调自主；在接受自己和他人之脆弱、柔软和依赖的同时，也有能力获得力量感、权威性以及相互依恋的关系。

一言以蔽之，他们可以把男性化和女性化视为一个具有流动性的连续体，每个人都可在此间游走，而不是两种有你就没我的极端化存在方式。这人世间的两种性别，和它们分别代表的存在方式，本就你中有我我中有你。我相信一个男人立于天地之间，这内心世界有你无我的两极化挑战可能比任何其他挑战都要来得严峻，来得直接。但我也相信，大写的男人，终有一天可以获得诗人沃尔特·惠特曼所描述的这种智慧：

> 我自相矛盾吗？
> 那很好……我就是自相矛盾；
> 因为我大，故能涵容众多。[5]

致　谢

　　这么多年来，我一直在脑海中酝酿写这本书的想法。在过往的岁月中，我一直试图理解男性、男子气概、为父之道，以及父亲和儿子这两个角色的方方面面。

　　我深深地感谢我亲爱的朋友兼同事杰里·夏皮罗（Jerry Shapiro）。在过去的三年里，他陪我经历了很多。我们私底下分享了许多感受和思考，这才促成了这本书的诞生。在编辑方面，杰里也慷慨地给出了许多宝贵的建议和鼓励，他建议我针对更广泛的读者来写这本书。我要感谢一些关系亲近的精神分析同事兼朋友，尤其是史蒂文·阿克塞尔罗德（Steven Axelrod）、黛安娜·埃莉斯（Dianne Elise）、艾伦·斯皮瓦克（Alan Spivak）、彼得·沃尔森（Peter Wolson）和哈丽雅特·怀尔（Harriet Wrye）。他们给了我灵感和启发，多年来我们之间的对话激发了我的原创性想法，同时也完善了我的思考。还有最重要的，我想表达对我的妻子、我最亲密的朋友琳达（Linda）难以言喻的感谢。她一直全力支持着我的工作，阅读手稿并指出手稿中的不足。她不断挑战我，只有一个充分可靠和充满爱的伴侣，才可以做到这些。

　　我要感谢洛杉矶精神分析研究协会（Los Angeles Institute and Society for Psychoanalytic Studies）的很多同事（学生和被督导者、教师和导师、朋友、支持者和反对者），他们让我在深入了解人类复杂性的道路上保持活力并继续前行。如果不对我在心理学写作上的"前辈"表示感激，那便是我的失职。尤其是两位斯坦福大学的研究生导师——非利晋·津巴多（Philip Zimbardo）和已故的欧内斯特·希尔格德（Ernest Hilgard）。另外，在父性养育及男性发展研究方面，很多精神分析学者都对我有着深刻的影响，尤其是许多当代精神分析思想家。这些精神分析思想家包括杰茜卡·本杰明（Jessica Benjamin）、彼得·布洛斯（Peter Blos）、卡尔文·科拉鲁索（Calvin Colarusso）、艾琳·法斯特（Irene Fast）、詹姆斯·赫尔佐克（James Herzog）、威廉·波拉克（William Pollack）、凯尔·普鲁厄特（Kyle Pruett）和约翰·蒙德·罗斯（John Munder Ross）。

我尤其感谢以下这些"真诚的男人"（Los Hombres Sinceros）：索尔·布朗（Saul Brown）、丹·明顿（Dan Minton）、罗伯特·莫拉迪（Robert Moradi）和鲍勃·祖迪克（Bob Tzudiker）。我们在15年的岁月里曾一起分享智慧与幽默，彼此信任，真诚以待。除此之外，还有几个人也默默地帮助我"孕育"了这本书。艾伦·霍尔茨曼（Alan Holtzman）鼓励我从专业写作中挖掘出能够直接影响到父亲、母亲和儿子的内容；已故的杰夫·比恩（Jeff Beane）让我对男同性恋者面临的问题有了更深入的理解；马蒂·格林伯格（Marty Greenberg）（10年前我曾与他一起编辑过一篇文章）帮我找到一种语言来表达成为一位父亲的无与伦比的体验；巴里·米勒（Barry Miller）帮我打开了我的内在世界，让我的灵感得以苗壮成长。

我还想要感谢我的编辑，诺顿出版社（W. W. Norton）的玛丽亚·瓜尔纳斯凯利（Maria Guarnaschelli），她抓住了我思想中独特的部分，其富有洞察力和创造力的指导促使这本书成为一本可以改变读者生活的书。除此之外，我要感谢诺顿出版社的埃玛·杜明（Emma Dumain）、罗宾·马勒（Robin Muller）、萨拉·罗斯巴德（Sarah Rothbard）和卡特里娜·华盛顿（Katrina Washington），他们的工作十分周到，也十分专业。我的经纪人林恩·塞利格曼（Lynn Seligman）多年前就看到了这个项目的价值，并努力使其成为现实，她的坚持是有意义的。我还要感谢罗伯塔·伊斯莱罗夫（Roberta Israeloff）。她是一位作家，也是两个男孩的母亲。她能"感受到"我的想法，在本书的写作过程中她一直与我紧密合作，她帮助我对我的临床工作和个人体验进行详细的阐述，和我建立了一个宽阔的沟通渠道。

还有很多人，我无法通过写出他们的姓名以表感谢：我的来访者、被督导者、熟人、陌生人以及朋友，他们的经历成就了我对本书主题的理解，我承诺过我会通过匿名的方式来保护他们的隐私。没有这些人，就没有《何以为父：影响彼此一生的父子关系》这本书。

最后，也是最特殊的，我想对我的孩子马娅和亚历克斯表达我的感谢，还有我已故的父亲莫·戴蒙德，我感谢他把对孩子的爱放在其生活的中心位置，这也激励着我去做同样的事情。感谢他留给我的"遗产"，让我能够允许我的孩子不断提醒我：只有父爱本身是不够的，我们必须不断用理解、权威、谦逊、耐心、努力和耐受不确定性的勇气，使这份父爱持续在场。

注　释

题词

1. Plato, *Republic*, trans. H. D. Lee (New York: Penguin, 1955), p.52.

引言

1. "被遗忘的父亲"这个术语初见于约翰·蒙德·罗斯（John Munder Ross）的论文，see "Fathering: A review of some psychoanalytic contributions on paternity," *International Journal of Psychoanalysis,* 60 (1979): 317-28. 而我接下来在自己的论文中引用了这个术语，see "Becoming a Father: A psychoanalytic perspective on the forgotten parent," *Psychoanalytic Review*, 73 (1986): 445-68.

2. 虽然本书主要聚焦传统家庭中的男性，但是本书探讨的父子议题适用于所有类型的父亲——养子的父亲、继子的父亲、老来得子的父亲、单亲父亲，以及代理父亲，还包括非传统关系中的父亲，如同性恋父亲、居家父亲和作为主要抚育者的父亲。我的临床观察表明：养育儿子过程中的核心挑战，以及父子之间终身的相互影响在相当广泛的家庭结构中适用。再者，我并非认为在养育儿子的过程中父亲的角色比母亲重要。实际上，母亲在儿子的发展过程中扮演着关键角色，而且很多时候她们可以在没有男性伴侣参与的情况下成功地养育男孩。正如家庭治疗师奥尔加·西尔弗斯坦（Olga Silverstein）和 B. 拉什巴姆（B. Rashbaum）在她们的作品中所表明的那样，see *The Courage to Raise Good Men* (New York: Viking Press, 1994)，还有 P. 德雷克斯勒（P. Drexler）的 *Raising Boys Without Men* (Emmaus, PA: Rodale Press, 2005)。

3. K.D. Pruett, *Fatherneed: Why Fathercare is as Essential as Mothercare for Your Child* (New York: Free Press, 2000).

4. 感兴趣的读者可能想要了解我已发表的原创性研究作品（按发表时间排列）：M. J. Diamond, "Becoming a Father: A psychoanalytic perspective on the forgotten parent," *Psychoanalytic Review*, 73 (1986): 445-68; "Creativity Needs in Becoming a Father," *Journal of Men's Studies*, 1 (1992): 41-45; "Someone to Watch Over Me: the father as the original protector of the mother-infant dyad," *Psychoanalysis and Psychotherapy*, 12(1995): 89-102; "Boys to Men: The maturing of masculine gender identity through paternal watchful protectiveness," *Gender and Psychoanalysis,* 2 (1997): 443-68; "Fathers with Sons: Psychoanalytic perspectives on 'good enough' fathering throughout the life cycle,"*Gender and Psychoanalysis,* 3 (1998): 243-99; "Accessing the Multitude Within: A psychoanalytic perspective on the transformation of masculinity at mid-life," *International Journal of Psychoanalysis,* 85 (2004): 45-64; "The Shaping of Masculinity: Revisioning boys turning away from their mothers to construct male gender identity," *International Journal of Psychoanalysis,* 85 (2004): 359-80; and "Masculinity Unraveled: The roots of male gender identity and the shifting of male ego ideals throughout life," *Journal of the American Psychoanalytic Association,* 54 (2006): 1099-130.

5. 这绝不是说我们忽略了本书女性读者的重要性。这本书将会使得女性更加理解男性——无论这些男性是她们的丈夫、儿子还是父亲。我个人也希望女性在学习指导和支持儿子的旅途中，和所有这些关键男性的关系都能得到改善。总而言之，通过汲取这些智慧，男性和女性都能成为更好的父母和伴侣，以及成为自己年迈父母膝下更好的子女。

6. William Wordsworth (1802), "My heart leaps up when I behold," in *English Romantic Poetry*, Vol. I, ed. Harold Bloom (New York: Anchor Books, 1963), p.302.

第1章 积极准备：将为人父

1. Hasdai Ibn Crescas, *The Wisdom of Judaism* (c. 1230), ed. D. Salwak (Novato, CA: New World Library, 1997), p.102.

2. 精神分析发展心理学家特雷莎·贝内德克（Teresa Benedek）创造了该术语，see T. Benedek, "Fatherhood and Providing," in *Parenthood*, ed. E. J. Anthony and T. Benedek (Boston: Little, Brown, 1970), pp.167-83.

3. 精神病学家马丁·格林伯格（Martin Greenberg）在他的著作 *The Birth of a Father* (New York: Continuum, 1985) 中使用的是"全神贯注"这个术语，格林伯格先前在自己的文章中首次使用该术语，see M. Greenberg and N. Morris, "Engrossment: The newborn's impact upon the father,"*American Journal of Orthopsychiatry,* 44 (1974): 520-31.

4. 凯尔·普鲁特（Kyle Pruett）在自己的研究中报告了这一发现，see Pruett, *The Nurturing Father* (New York: Warner Books, 1987).

5. Jerrold Shapiro, *When Men are Pregnant: Needs and Concerns of Expectant Fathers* (New York: Delta, 1987).

6. 我在自己的论文中首次提出这些观点，see "Creativity Needs in Becoming a Father," *Journal of Men's Studies*, 1 (1992): 41-45.

第2章 从出生到婴儿期：一个父亲的诞生

1. Sigmund Freud, "Civilization and Its Discontents" (1930) in *The Standard Edition of the Complete Psychological Works of Sigmund Freud* (London: Hogarth Press, 1961, cited hereafter as SE), Vol. XXI, pp.57-145; the quote is on p.72.

2. Peter Wolson, "Some Reflections on Adaptive Grandiosity in Fatherhood," in *Becoming A Father: Contemporary Social, Developmental, and Clinical Perspective*, ed. J. L. Shapiro, M. J. Diamond, and M. Greenberg (New York: Springer, 1995), pp.286-92.

3. J. J. Rousseau, *Émile* (1762), trans. A. Bloom (London: Penguin, 1991). 精神分析学家马克·奥康奈尔（Mark O'Connell）近来指出，男性和女性在做父母准

备程度上的差异乃基于这样一个事实：相对于男性，女性的身体发展会更快更饱满地进入性欲及生殖阶段，因此这会让她们更明确地感受到自己的母性，并且和男性相比，她们为养育做准备的时间也会早很多，see M. O'Connell, *The Good Father* (New York: Scribner, 2005)。

4. "足够好的母亲"这个表达最早见于温尼科特1960年发表的论文"Ego Distortion in Terms of True and False Self"，该文在温尼科特的著作中再版，see D. W. Winnicott's *The Maturational Process and the Facilitating Environment* (New York: International Universities Press, 1965), pp.140-52. 而我在自己的论文中使用了"足够好的父亲"这一表达并讨论了其含义，see "Fathers with Sons: Psychoanalytic perspectives on 'good enough' fathering throughout the life cycle."

5. 儿童精神分析学家詹姆斯·赫尔佐克（James Herzog）首次提出"父亲饥渴"这个术语，可见于与此密切相关的两个文献，see J. M. Herzog, "On Father Hunger: The Father's Role in the Modulation of Aggressive Drive and Fantasy," in *Father and Child,* ed. S. H. Cath, A. R. Gurwitt, and J. M. Ross (Boston: Little, Brown, 1982), pp.163-74, 以及 J. M. Herzog, *Father Hunger* (Hillsdale, NJ: Analytic Press, 2001). 发展心理学研究者迈克尔·兰姆（Michael Lamb）和罗布·博尔科维茨（Rob Palkovitz）就父亲对儿子（以及女儿）的影响这一议题提供了全面的文献综述。现有证据一致表明，参与度和情感投入程度低的父亲，会对男孩产生极负面的影响。一般而言，这种男孩尤其会在自我控制、自尊、认知能力、自我情绪调节、男子气概、同理心、学校表现、社交技能以及整体健康等方面受到消极影响，see M. E. Lamb, "Fathers and Child Development: An Integrative Overview," in *The Role of the Father in Child Development*, ed. M. E. Lamb (New York: John Wiley, 1981), pp.1-70; M. E. Lamb, "Fathers and Child Development: An Introductory Overview," in *The Role of the Father in Child Development,* 3rd edn., ed. M. E. Lamb (New York: John Wiley, 1997), pp.1-18; and R. Palkovitz, "Involved Fathering and Child Development: Advancing Our Understanding of Good Fathering," in *Handbook of Father Involvement: Multidisciplinary Perspectives*, ed. C. S. TamisLeMonda and N. Cabrera (Mahwah, NJ: Erlbaum, 2002), pp.119-40.

6. 我在论文"Boys to Men: The maturing of masculine gender identity through paternal watchful protectiveness."中引入了"警觉的守护者"这一术语。

7. David Gilmore, *Manhood in the Making: Cultural Concepts of Masculinity* (New Haven, CT: Yale University Press, 1990), p.230.

8. Jeffrey Masson, *The Emperor's Embrace. Reflections on Animal Families and Fatherhood* (New York: Pocket Books, 1999), pp.199-200.

9. 约翰·鲍尔比（John Bowlby）很好地阐述了这一观点，见 *A Secure Base* (New York: Basic Books, 1988) 一书。

10. 温尼科特首次使用该术语并令人信服地说明了其重要性，see D. W. Winnicott, "Primary Maternal Preoccupation," in D. W. Winnicott's *Collected Papers: Through Pediatrics to Psycho-Analysis* (New York: Basic Books, 1958), pp.300-05.

11. 我在自己的专题论文中讨论了这一证据，see "Fathers with Sons: Psychoanalytic perspectives on 'good enough' fathering throughout the life cycle"，在该文的 252-253 页我讨论了这些研究。另外，詹姆斯·赫尔佐克也对此议题进行了广泛的探讨，见本章注释 5。

12. Benedek, "Fatherhood and Providing," in *Parenthood,* pp.167-83.

13. See Bowlby, *A Secure Base*.

14. 詹姆斯·赫尔佐克认为，新生儿出生大约三个月后，妻子经常会需要自己的丈夫在"陪伴和照顾"的过程中维持其性欲的成分，即使作为一个母亲，她有时也希望自己的丈夫保持在"没有性欲的状态中以取悦孩子"(p.66)，see J. Herzog, "What Fathers Do and How They Do It," in *What Do Mothers Want?*, ed. S. F. Brown (Hillsdale, NJ: Analytic Press, 2005), pp.55-68.

15. 精神分析师们认为，一个孩子能够形成自己双亲，即父母的组合表象是极为重要的。克莱茵学派的分析师罗纳德·布里顿（Ronald Britton）把这种情形命名为"三角空间"，詹姆斯·赫尔佐克则称之为"三元现实"。男孩把母亲和父亲联系在一起形成潜意识的内在父母表征，会让他体验到自己是被父母双方一起关心着的（而非被其中一方出于自己的需要而关心着），同样这也是儿子接下来的俄狄浦斯阶段健康发展的前提条件。see R. Britton, "The Missing Link: Parental Sexuality in the Oedipus Conflict," in *The Oedipus Conflict Today*, ed. J. Steiner (London: Karnac Books, 1989), pp.83-102; 以及 J. M. Herzog, "Triadic Reality and the Capacity to Love," *Psychoanalytic Quarterly*, 74 (2005): 1029-52.

第 3 章　学步期：父亲把孩子带往世间

1. 该俗语引自盖尔·科林斯（Gail Collins）的 "A New Look at Life with Father," *New York Times Magazine*, June 17, 1979.

2. 儿童精神病学家和精神分析学家斯坦利·格林斯潘（Stanley Greenspan）首次使用 "第二他者" 来指代作为除母亲之外，对这个孩子最重要的他者之外的第二个重要他人——父亲。See S. I. Greenspan, "'The Second Other': The Role of the Father in Early Personality Formation and the Dyadic-Phallic Phase of Development," in *Father and Child*, ed. S. H. Cath, A. R. Gurwitt, and J. M. Ross (Boston: Little Brown, 1982), pp.123-38; 精神分析学家杰茜卡·本杰明（Jessica Benjamin）后来发展了这个概念，她认为父亲 "代表着不同"，而第二他者总是带有父亲特质，see J. Benjamin, *Like Subjects, Like Objects* (New Haven: Yale University Press, 1995, p.62).

3. D. J. Siegel, *The Developing Mind: Toward a Neurobiology of Inter-personal Experience* (New York: Guilford Press, 1999); also see D. J. Siegel, *Mindset* (New York: Bantam Books, 2006).

4. 詹姆斯·赫尔佐克用这些术语来分别描述父子和母子游戏互动的偏好形式，see Herzog, *Father Hunger*.

5. 瑞士心理学家让·皮亚杰（Jean Piaget）引入了 "客体永久性" 这个概念，see J. Piaget, *The Construction of Reality in the Child* (1937; New York: Bantam Books, 1954). 自我心理学家海因茨·哈特曼（Heinz Hartmann）把客体恒常性这个概念带入了主流精神分析学界。哈特曼宣称，若孩子无论处在何种需求状态，他们和所爱对象的关系始终保持稳定，那么这就意味着孩子获得了客体恒常性。see Heinz Hartmann, "The Mutual Influences in the Development of the Ego and Id," in *Essays in Ego Psychology,* ed. Hartmann (1952; New York: International Universities Press, 1964), pp.155-82.

6. Allan Schore, *Affect Regulation and the Origin of the Self: The Neurobiology of Emotional Development* (Hillsdale, NJ: Erlbaum, 1994); also see Allan Schore, *Affect Disregulation and Disorders of the Self* (New York: W. W. Norton, 2003).

7. 遗憾的是，很多小女孩被鼓励着成为他人欲望的 "对象"，却感到自己没资格要任何东西，见杰茜卡·本杰明的著作 *The Bonds of Love* (New York: Pantheon Books, 1988, pp.85-132)，这对女性发展，以及女性最终的成就意识和野心发展具有深远的意义。虽然这并非本书的重点，但女儿若想获得健康的欲望和主体性，父亲同样也在其间扮演一个关键角色。

第4章   童年早期：父亲把俄狄浦斯阶段的男孩领进男人的世界

1. Tanakh, *The Holy Scriptures*, Proverbs 22:6 (Philadelphia: Jewish Publication Society), p.1320.

2. See, for example, the folling articles: R. Greenson, "Disidentifying from Mother: Its special importance for the boy," *International Journal of Psychoanalysis*, 49 (1968): 370-74; R. J. Stoller, *Sex and Gender*. Vol. I: *The Development of Masculinity and Femininity* (London: Hogarth Press, 1968); I. Fast, "Aspects of Early Gender Development: Toward a reformulation," Psychoanalytic Psychology, 7 (Suppl.) (1990): 105-17; S. D. Axelrod, "Developmental Pathways to Masculinity: A reconsideration of Greenson's 'Disidentifying from Mother,'" Issues in *Psychoanalytic Psychology*, 19 (1997): 101-15; W. S. Pollack, *Real Boys: Rescuing Our Sons from the Myths of Boyhood* (New York: Random House, 1998); and Diamond, "The Shaping of Masculinity: Revisioning boys turning away from their mothers to construct male gender identity."

3. 一些精神分析学家认为，在男孩接下来的潜伏期，父亲的积极参与也是必要的，它可以让男孩前俄狄浦斯和俄狄浦斯的性心理发展得以延续，see R. Edgcumbe and M. Burgner, "The PhallicNarcissistic Phase," *Psychoanalytic Study of the Child*, 30 (1975): 161-80, and L. J. Schalin, "Phallic Integration and Male Identity Development: Aspects of the importance of the father relation to boys in the latency period," *Scandinavian Psychoanalytic Review*, 6 (1983): 21-42.

4. 发展心理学家埃莉诺·麦科比（Eleanor Maccoby）在多篇论文中表明：男孩从很小的年龄开始就知道跨性别行为是一种禁忌。相比之下，6～7岁的女孩，其性别意识会稳定下来且终生保持不变。她们明白无论多么频繁地表达跨性别态度和表现出跨性别行为，自己仍是一个女生。see E. E. Maccoby, *The Two Sexes: Growing Apart, Coming Together* (Cambridge, MA: Harvard University Press, 1998); 以及 E. E. Maccoby and C. Jacklin, *The Psychology of Sex Differences*, Vol. 1 (Palo Alto, CA: Stanford University Press, 1976).

5. 芬兰精神分析师韦莎·曼尼宁（Vesa Manninen）和心理学家、精神分析师斯蒂芬·迪卡（Stephen Ducat）对于性器崇拜的诱惑性力量的讨论尤其具有启发性。see V. Manninen, "The Ultimate Masculine Striving: Reflexions on the psychology of two polar explorers," *Scandinavian Psychoanalytic Review*, 15 (1992): 1-26; V. Manninen, "For the Sake of Eternity: On the narcissism of fatherhood and the father-son relationship," *Scandinavian Psychoanalytic Review*, 16 (1993): 35-46; and S. J. Ducat, *The Wimp Factor: Gender Gaps, Holy Wars, and the Politics of Anxious Masculinity* (Boston: Beacon Press, 2004). 另外，芬兰分析师拉尔斯－约翰·沙林（Lars-Johan Schalin）区分出了健康且具有适应性的性器崇拜，以及病态防御性质的，尤其是带有身体穿透欲的性器崇拜，see Schalin, "On Phallicism: Developmental aspects, neutralization, sublimation and defensive phallicism," *Scandinavian Psychoanalytic Review*, 12 (1989): 38-57.

6. 精神分析师史蒂文·克鲁格曼（Steven Krugman）把这种转变称为"侧重点的变化"而非"危险的飞跃"，see S. Krugman, "Male Development and the Transformation of Shame," in *The New Psychology of Men*, ed. R. F. Levant and W. S. Pollack (New York: Basic Books, 1995), pp.91-126 (quote on p.109).

7. J. M. Ross, "Oedipus Revisited: Laius and the 'Laius Complex,'" *Psychoanalytic Study of the Child*, 37 (1982): 169-200.

8. Pat Conroy, *The Great Santini* (New York: Houghton Mifflin, 1976).

9. See S. Osherson, *Finding Our Fathers* (New York: Free Press, 1986).

第 5 章　童年中期：鼓励孩子拥有掌控力、胜任力以及骄傲感

1. David Crosby, Stephen Stills, Graham Nash, and Neil Young, "Teach Your

Children," *Déjà vu*, Atlantic Records, 1970.

2. Sigmund Freud, "Three Essays on the Theory of Sexuality" (1905), in SE, Vol. VII, pp.123-243; also see S. Freud, "The Dissolution of the Oedipus Complex" (1924), in Vol. XIX, pp.171-79.

3. 见丹·金德伦（Dan Kindlon）和迈克尔·汤普森（Michael Thompson）的著作 *Raising Cain: Protecting the Emotional Life of Boys* (New York: Ballantine Books, 1999). 另外，心理学家苏珊·贝尔纳黛特－夏皮罗（Susan Bernadette-Shapiro）及其同事发现，学龄期男孩的同理心发展与他们和父亲相处的时间直接相关，see S. Bernadette-Shapiro, D. Ehrensaft, and J. L. Shapiro, "Father Participation in Childcare and the Development of Empathy in Sons: An empirical study," *Family Therapy*, 23 (1996): 77-93. 这些作者假设：因为父亲的积极参与，男孩会发展出更安全的男性身份认同，因此会更少防御自身"女性化"的部分，比如同理心，这和我的观点是一致的，见此论文第 88 页。

4. see Pollack, *Real Boys: Rescuing Our Sons from the Myths of Boyhood*.

5. see Herzog, *Father Hunger*.

6. see Erik H. Erikson, *Identity, Youth, and Crisis* (New York: W. W. Norton, 1968).

7. 这一"性器整合"过程部分取决于一个被仰视的父亲的积极参与。通过认同自己现实中的父亲，男孩的自我理想会失去其性器－夸大的特质，从而为耐受生而为人的缺点留下空间，see Schalin, "Phallic Integration and Male Identity Development."

8. Anonymous, "A tiny poem to my Dad," in P. Blos, *Son and Father: Before and Beyond the Oedipus Complex* (New York: Free Press, 1985), p.55.

9. J. Rumi, *Open Secret: Versions of Rumi*, trans. J. Moyne and C. Barks (Putney, VT: Threshold Books, 1984), p.15.

10. see Carol Gilligan, *In a Different Voice* (Cambridge, MA: Harvard University Press, 1982).

11. C. G. Jung, *Symbols of Transformation, Collected Works of Carl G. Jung*, Vol. V, trans. R. F. C. Hull (Princeton, NJ: Princeton University Press, 1956), p.261; J. Lacan, *Écrits: A Selection*, trans. A. Sheridan (1966; New York: W. W. Norton, 1977).

12. see Jean Piaget, *The Origins of Intelligence in Children* (1936; New York: W. W. Norton, 1963).

第 6 章　青春期：从英雄到狗熊

1. J. D. Salinger, *The Catcher in the Rye* (New York: Bantam Books,1945), p.214.

2. P. Blos, "The Second Individuation Process of Adolescence," *Psychoanalytic Study of the Child*, 22 (1967): 162-87.

3. This phrase was used by the psychoanalyst Hans Loewald; see H. Loewald, "The Waning of the Oedipus Complex," *Journal of the American Psychoanalytic Association*, 27 (1979): 751-75 (the expression is introduced on p.757).

4. See the research findings reported in D. Offer, *The Psychological World of the Teenager: A Study of Normal Adolescent Boys* (New York: Basic Books, 1969), and D. Offer, "Adolescent Development: A Normative Perspective," in *The Course of Life.* Vol. Ⅱ. *Latency, Adolescence and Youth*, ed. S. I. Greenspan and G. H. Pollock (Washington, D.C.: National Institute of Mental Health, 1980), pp.357-72.

5. 彼得·布洛斯（Peter Blos）在其 1867 年的论文中（见本章注释 2）阐明了这些观点中的一部分，虽然他并没有聚焦于父亲的角色。后来他在自己的著作中亦有阐明，see *Son and Father: Before and Beyond the Oedipus Complex.*

6. Raymond Carver, "Bicycles, Muscles, Cigarettes," in *Where I'm Calling From: Selected Stories* (New York: Vintage Books, 1986), pp.21-33; the quoted passage is on pp.32-33.

7. Judith Viorst, *Necessary Losses* (New York: Ballantine Books, 1986), pp.159, 167.

第 7 章　成年早期：在场边指导

1. Antoine de Saint-Exupéry, *Wind, Sand, and Stars* (1939), trans. L. Galantière (New York: Harcourt, Brace & World, 1967).

2. see Gail Sheehy, *New Passages: Mapping Your Life Across Time* (New York:

Ballantine Books, 1995).

3. 卡尔文·科拉鲁索（Calvin Colarusso），一位发展取向的精神分析学家，较为宽泛地界定了成年阶段的三次重要分离－个体化过程（紧接着童年时期的第一次和青春期的第二次个体化），see C. A. Colarusso, "The Third Individuation: The effect of biological parenthood on separation-individuation processes in adulthood," *Psychoanalytic Study of the Child*, 45 (1990): 170-94; C. A. Colarusso, "Separation-Individuation Processes in Middle Adulthood: The Fourth Individuation," in *The Seasons of Life: Separation-Individuation Perspectives*, ed. S. Akhtar and S. Kramer (Northvale, NJ: Aronson, 1997), pp.73-94; and C. A. Colarusso, "Separation-Individuation Phenomena in Adulthood: General concepts and the fifth individuation," *Journal of the American Psychoanalytic Association*, 48 (2000): 1467-89.

4. see D. J. Levinson et al., *The Seasons of a Man's Life* (New York: Alfred A. Knopf, 1978).

5. L. F. Baum, *The Wonderful Wizard of Oz* (1900; New York: Dover Books, 1970).

6. Viorst, *Necessary Losses*, p.234.

7. Sheehy, *New Passages: Mapping Your Life Across Time*, p.52.

8. see Erik H. Erikson, *Children and Society*, 2nd edn. (New York: W. W. Norton, 1963).

9. Phil Cousineau, "For My Father Who Never Made It to Paris," in Cousineau's *The Blue Museum: Poems* (San Francisco, CA: Sisyphus Press, 2005), pp.60-61.

10. Sam Osherson, *Finding Our Fathers*, p.43.

第 8 章　成年中期：男人对男人

1. Yiddish proverb in The Wisdom of Judaism, ed. D. Salwak p.101.

2. see Levinson et al., *The Seasons of a Man's Life*.

3. see Erikson, *Childhood and Society*.

4. Stanley H. Cath, "Grandfatherhood, A Timely Transition: The Last Relationship," in *The Course of Life*, Vol.VII: *Completing the Journey*, ed. G. H.

Pollock and S. I. Greenspan (Madison, CT: International Universities Press, 1998), pp.87-101.

5. E. H. Erikson, J. M. Erikson, and H. Q. Kivnick, *Vital Involvement in Old Age* (New York: W. W. Norton, 1986).

6. Roger L. Gould, "Transformation Tasks in Adulthood," in *The Course of Life,* Vol. VI: *Late Adulthood*, ed. G. H. Pollock and S. I. Greenspan (Madison, CT. International Universities Press, 1993), pp.23-68 (the quote is on p.25).

7. 我在自己的论文中提出了这些观点，see "Accessing the Multitude Within: A psychoanalytic perspective on the transformation of masculinity at mid-life." 关于进一步探讨男性中年重要议题的文章，see E. Jacques, "Death and the Mid-life Crisis," *International Journal of Psychoanalysis*, 46 (1965): 502-14; *The Middle Years: New Psychoanalytic Perspectives*, ed. J. M. Oldham and R. S. Liebert (New Haven, CT: Yale University Press, 1989); G. H. Pollock and S. I. Greenspan, *The Course of Life*, Vol. VI: *Late Adulthood*; and C. A. Colarusso, "The Development of Time Sense in Middle Adulthood," *Psychoanalytic Quarterly*, 68 (1999): 52-83.

8. 莱文森（Levinson）和他的同事们发现大部分男性在人生的这个阶段都会面临这些特殊的挑战，see Levinson et al., *The Seasons of a Man's Life.*

9. 虽然并非本书所聚焦的理论点，但是"移情"概念在心理动力学治疗和精神分析中，指的是病人把自己对以前生活中重要人物的情绪和想法，或者自己的某种心智状态移置或投射到治疗师和分析师身上的现象。在精神分析治疗当中，移情是一种处理"失败"的父亲（或母亲）养育的强有力工具，它为解决或应对病人源自婴儿期和童年期的内在冲突和发展停滞提供了契机。一位治疗师如果通晓如何处理病人的移情，那么他就可以提供一种极为有效的工具来修通病人潜意识层面上更深层的、源自童年不恰当养育的问题。这并不是"再养育"，而是一种心理建设。它可以帮助病人从不同的角度理解自己，也可以帮病人善用分析师－治疗师富有技巧的洞察并将其内化，以此获得一种不同的体验自我的方式。

10. Bernice L. Neugarten, "Adult Personality: Toward a Psychology of the Life Cycle," in *Middle Age and Aging*, ed. Neugarten (Chicago: University of Chicago Press, 1968), pp.137-47 (the quote is on p.141).

第9章　老年期：父子角色反转

1. Walt Whitman, "Song of Myself," in *Leaves of Grass* (1855; New York. Penguin, 1986), p.40.

2. 我整理了许多著名心理学家和精神分析学家关于男性晚年发展的研究结论。这些学者大都认同我在自己论文中综述的中老年男性需面临的任务、挑战以及内心议题，可参见我的论文"Accessing the Multitude Within."另外，下面这些著作与该主题也密切相关：C. G. Jung, "The Development of Personality," in *Collected Works*, Vol. XVII (1934; Princeton, NJ: Princeton University Press, 1954), pp.167-86; E. Jacques, "Death and the Mid-life Crisis"; Levinson et al., *The Seasons of a Man's Life*; C. A. Colarusso, "Separation-Individuation Phenomena in Adulthood: General concepts and the fifth individuation"; and S. D. Axelrod, *Work and the Evolving Self* (Hillsdale, NJ: Analytic Press, 1999).

3. Diamond, "Accessing the Multitude Within," p.59.

4. see M. R. Lansky, *Fathers Who Fail* (Hillsdale, NJ: Analytic Press, 1992).

5. see C. A. Colarusso, "Traversing Young Adulthood: The male journey from 20 to 40," *Psychoanalytic Inquiry*, 15 (1995): 75-91.

6. see B. L. Neugarten and Associates, *Personality in Middle and Late Life* (New York: Atherton Press, 1964).

7. see Erik H. Erikson, *The Life Cycle Completed* (New York: W. W. Norton, 1982).

8. Ewald W. Busse, "Old Age," in *The Course of Life*, Vol. VII: *Completing the Journey*, ed. G. H. Pollock and S. I. Greenspan, pp.1-41.

9. David Gutmann, "Developmental Issues in the Masculine Mid-life Crisis," *Journal of Geriatric Psychiatry*, 9 (1976): 41-61.

10. V. Manninen, "For the Sake of Eternity: On the narcissism of fatherhood and the father-son relationship" (quote on p.45).

11. Sigmund Freud, "Mourning and Melancholia" (1917), in *SE*, Vol. XIV, pp.237-58.

12. Joni Mitchell, "The Circle Game," *Ladies of the Canyon*, Reprise Records, 1970.

13. Tanakh, *The Holy Scriptures*, pp.79, 82.

第 10 章　结语：生命的弧线

1. 这句话出自欧里庇得斯的戏剧《佛里克索斯》（*Phrixus*），该剧本仅有残本存世。

2. 强迫性重复指的是，个体在自己的生命历程中不断复制某些困难的甚至痛苦的情境，但对自己引发这些情境的责任毫无意识。弗洛伊德认为这种重复的行为（包括梦境）可以代替遭遗忘的记忆，使其无法被言语化，因此强迫性重复也是一种记忆的形式。其他分析师认为这是一种"被压抑记忆的回归"，它是自我的一种重要功能，人们使用此功能来调节和掌控那些未解决的潜意识材料。see Freud, "Beyond the Pleasure Principle" (1920), in *SE*, Vol. XVIII, pp.7-64. 弗洛伊德在自己的论文中首次提及此概念，see "Remembering, Repeating and Working Through" (1914), in Vol. XII, pp.145-56. See also E. Bibring, "The Conception of the Repetition Compulsion," *Psychoanalytic Quarterly*, 12 (1940): 486-519, and H. W. Loewald, "Some Conclusions on Repetition and Repetition Compulsion," *International Journal of Psychoanalysis*, 52 (1971): 59-65.

3. Ducat, The Wimp Factor: Gender Gaps, Holy Wars, and the Politics of Anxious Masculinity, p.58.

4. Philip Roth, *Patrimony* (New York: Simon & Schuster, 1991), pp.237-38.

5. Whitman, "Song of Myself," in *Leaves of Grass*, p.85.

原 生 家 庭

《母爱的羁绊》
作者：[美] 卡瑞尔·麦克布莱德 译者；于玲娜

爱来自父母，令人悲哀的是，伤害也往往来自父母，而这爱与伤害，总会被孩子继承下来。
作者找到一个独特的角度来考察母女关系中复杂的心理状态，读来平实、温暖却又发人深省，书中列举了大量女儿们的心声，令人心生同情。在帮助读者重塑健康人生的同时，还会起到激励作用。

《不被父母控制的人生：如何建立边界感，重获情感独立》
作者：[美] 琳赛·吉布森 译者：姜帆

已经成年的你，却有这样"情感不成熟的父母"吗？他们情绪极其不稳定，控制孩子的生活，逃避自己的责任，拒绝和疏远孩子……
本书帮助你突破父母的情感包围圈，建立边界感，重获情感独立。豆瓣8.8分高评经典作品《不成熟的父母》作者琳赛重磅新作。

《被忽视的孩子：如何克服童年的情感忽视》
作者：[美] 乔尼丝·韦布 克里斯蒂娜·穆塞洛 译者：王诗溢 李沁芸

"从小吃穿不愁、衣食无忧，我怎么就被父母给忽视了？"美国亚马逊畅销书，深度解读"童年情感忽视"的开创性作品，陪你走出情感真空，与世界重建联结。
本书运用大量案例、练习和技巧，帮助你在自己的生活中看到童年的缺失和伤痕，了解情绪的价值，陪伴你进行自我重建。

《超越原生家庭（原书第4版）》
作者：[美] 罗纳德·理查森 译者：牛振宇

所以，一切都是童年的错吗？全面深入解析原生家庭的心理学经典，全美热销几十万册，已更新至第4版！
本书的目的是揭示原生家庭内部运作机制，帮助你学会应对原生家庭影响的全新方法，摆脱过去原生家庭遗留的问题，从而让你在新家庭中过得更加幸福快乐，让你的下一代更加健康地生活和成长。

《不成熟的父母》
作者：[美] 琳赛·吉布森 译者：魏宁 况辉

有些父母是生理上的父母，心理上的孩子。不成熟父母问题专家琳赛·吉布森博士提供了丰富的真实案例和实用方法，帮助童年受伤的成年人认清自己生活痛苦的源头，发现自己真实的想法和感受，重建自己的性格、关系和生活；也帮助为人父母者审视自己的教养方法，学做更加成熟的家长，给孩子健康快乐的成长环境。

更多>>>　《拥抱你的内在小孩（珍藏版）》作者：[美] 罗西·马奇-史密斯
《性格的陷阱：如何修补童年形成的性格缺陷》作者：[美] 杰弗里·E.杨 珍妮特·S.克罗斯科
《为什么家庭会生病》作者：陈发展

全年龄段

《叛逆不是孩子的错：不打、不骂、不动气的温暖教养术（原书第2版）》

作者：[美] 杰弗里·伯恩斯坦 译者：陶志琼

放弃对孩子的控制，才能获得更多的掌控权；不再强迫孩子听话。孩子才会开始听你的话，樊登读书倾力推荐，十天搞定叛逆孩子

《硅谷超级家长课：教出硅谷三女杰的TRICK教养法》

作者：[美] 埃丝特·沃西基 译者：姜帆

"硅谷教母"埃丝特·沃西基养育了三个卓越的女儿，分别是YouTube的CEO、基因公司创始人和名校教授。她的秘诀就在本书中

《学会自我接纳：帮孩子超越自卑，走向自信》

作者：[美] 艾琳·肯尼迪-穆尔 译者：张海龙 郭霞 张俊林

为什么我们提高孩子自信心的方法往往适得其反？
解决孩子自卑的深层次根源问题，帮助孩子形成真正的自信；
满足孩子在联结、能力和选择三个方面的心理需求；
引导孩子摆脱不健康的自我关注状态，帮助孩子提升自我接纳水平

《去情绪化管教，帮助孩子养成高情商、有教养的大脑！》

作者：[美] 丹尼尔·J.西格尔 等 译者：吴蒙琦

无须和孩子产生冲突，也无须愤怒、哭泣和沮丧！用爱与尊重的方式让孩子守规矩，使孩子朝着成功和幸福的人生方向前进

《爱的管教：将亲子冲突变为合作的7种技巧》

作者：[美] 贝基·A.贝利 译者：温旻

美国亚马逊畅销书。只有家长先学会自律，才能成功指导孩子的行为。自我控制的七种力量和由此而生的七种管教技巧，让父母和孩子共同改变。在过去15年中，成千上万的家庭因这7种力量变得更加亲密和幸福

更多>>>

《儿童教育心理学》 作者：[奥地利] 阿尔弗雷德·阿德勒 译者：杜秀敏
《我不是坏孩子，我只是压力大：帮助孩子学会调节压力、管理情绪》 作者：[加]斯图尔特·尚卡尔 等 译者：黄镇华
《如何让孩子爱上阅读》 作者：[澳] 梅根·戴利 译者：卫妮

积极人生

《大脑幸福密码：脑科学新知带给我们平静、自信、满足》

作者：[美]里克·汉森 译者：杨宁 等

里克·汉森博士融合脑神经科学、积极心理学与进化生物学的跨界研究和实证表明：你所关注的东西便是你大脑的塑造者。如果你持续地让思维驻留于一些好的、积极的事件和体验，比如开心的感觉、身体上的愉悦、良好的品质等，那么久而久之，你的大脑就会被塑造成既坚定有力、复原力强，又积极乐观的大脑。

《理解人性》

作者：[奥]阿尔弗雷德·阿德勒 译者：王俊兰

"自我启发之父"阿德勒逝世80周年焕新完整译本，名家导读。阿德勒给焦虑都市人的13堂人性课，不论你处在什么年龄，什么阶段，人性科学都是一门必修课，理解人性能使我们得到更好、更成熟的心理发展。

《盔甲骑士：为自己出征》

作者：[美]罗伯特·费希尔 译者：温旻

从前有一位骑士，身披闪耀的盔甲，随时准备去铲除作恶多端的恶龙，拯救遇难的美丽少女……但久而久之，某天骑士蓦然惊觉生锈的盔甲已成为自我的累赘。从此，骑士开始了解脱盔甲，寻找自我的征程。

《成为更好的自己：许燕人格心理学30讲》

作者：许燕

北京师范大学心理学部许燕教授30年人格研究精华提炼，破译人格密码。心理学通识课，自我成长方法论。认识自我，了解自我，理解他人，塑造健康人格，展示人格力量，获得更佳成就。

《寻找内在的自我：马斯洛谈幸福》

作者：[美]亚伯拉罕·马斯洛 等 译者：张登浩

豆瓣评分8.6，110个豆列推荐；人本主义心理学先驱马斯洛生前唯一未出版作品；重新认识幸福，支持儿童成长，促进亲密感，感受挚爱的存在。

更多>>>

《抗逆力养成指南：如何突破逆境，成为更强大的自己》 作者：[美]阿尔·西伯特

《理解生活》 作者：[美]阿尔弗雷德·阿德勒

《学会幸福：人生的10个基本问题》 作者：陈赛 主编